Papa Legba

Grimoire de Magie Noire

H.S.

© 2025 H.S.

Tous droits réservés

ISBN : 978-2-8106-1723-4

Édition : BoD · Books on Demand,

31 avenue Saint-Rémy, 57600 Forbach,

bod@bod.fr

Impression : Libri Plureos GmbH,

Friedensallee 273, 22763 Hamburg (Allemagne)

Dépôt légal : Février 2025

Introduction 5

Le lien de la fortune à la croisée des chemins 9

Les ombres chuchotantes de Papa Legba 15

La colère de la vengeance à la croisée des chemins 21

Rupture, les liens coupés de la croisée des chemins 27

Le chemin du malheur 34

L'ombre des vents malades 40

Le carrefour de la richesse 47

Sortilège de la pauvreté, les verrous du malheur 54

Insomnie magie noire Les chaînes de l'agitation 61

Faites de la graisse votre rivale, Le poids de la gourmandise 68

Sort d'ouverture de la porte interdite 75

Échec à l'examen, Sort de la porte fermée 82

Arrêter le mariage, sort du chemin fermé du mariage 90

Sort de contrôle de l'esprit à la croisée des chemins 98

Sort pour entraver l'apparition d'un rival 106

Sort de stérilité avec Papa Legba 113

Sortilège pour rabaisser un ennemi avec Papa Legba 121

Sort pour créer des rumeurs contre un ennemi en utilisant Papa Legba 129

Sort pour influencer quelqu'un vers l'immoralité avec Papa Legba 136

Sortilège pour rendre quelqu'un seul avec Papa Legba 144

Sort pour faire taire un bavard à l'aide de Papa Legba 151

Sort pour gagner le respect de Papa Legba **158**

Sortilège pour détruire la confiance d'un ennemi avec Papa Legba **165**

Sort de Protection contre la Magie Noire avec Papa Legba **172**

Le sort de la destruction du chemin : Fermer la route du succès avec Papa Legba **179**

La malédiction de la communication : rompre les liens de connexion avec Papa Legba **184**

Le sort de destruction de la confiance : affaiblir l'esprit avec Papa Legba **188**

L'enchantement de l'isolement : le bannissement dans la solitude avec Papa Legba **192**

La malédiction de l'obsession : contrôlez l'esprit avec le pouvoir obscur de Papa Legba **196**

Conclusion **199**

Introduction

Dans le monde du vaudou et du vaudou haïtien, Papa Legba est l'un des loa les plus puissants et les plus respectés. Il est le gardien des carrefours, le gardien entre les domaines physique et spirituel. En tant que celui qui ouvre et ferme les chemins entre ces mondes, Papa Legba détient un immense pouvoir sur la communication, la prise de décision et l'orientation spirituelle.

Bien qu'il soit souvent considéré comme un protecteur et un guide, Papa Legba possède également des liens profonds avec la magie noire. Contrairement à beaucoup de loa, le rôle de Papa Legba n'est pas seulement bienveillant ; Son influence peut s'étendre à des domaines plus sombres. Connu pour sa capacité à ouvrir et fermer des portes, métaphoriquement et littéralement, Papa Legba peut manipuler les énergies, à la fois positives et négatives, en fonction des intentions de ceux qui font appel à lui.

Le pouvoir de magie noire de Papa Legba est enraciné dans sa maîtrise du carrefour, un lieu de transition, de transformation et de choix. En invoquant son énergie, les pratiquants peuvent commander le flux du pouvoir et même perturber l'équilibre de la vie des autres. Il peut influencer l'esprit des individus, entraver leur progrès et même faire émerger des obstacles sur leur chemin. Cela fait de Papa Legba un esprit idéal pour ceux qui cherchent à utiliser la magie noire afin de contrôler, bloquer ou manipuler les autres. Cependant, un tel pouvoir doit toujours être abordé avec prudence, car il peut avoir des conséquences considérables tant pour le praticien que pour la cible.

Bien que Papa Legba soit vénéré comme un protecteur, il est tout aussi capable d'exercer un pouvoir destructeur lorsqu'il est appelé à des fins plus sombres. Sa magie noire ne concerne pas le mal aléatoire, mais le contrôle du destin et le pouvoir de manipuler les forces spirituelles. Il peut être utilisé pour entraver le succès de ses rivaux, bloquer la communication, créer de la confusion et affaiblir la force de quelqu'un, qu'il s'agisse de sa confiance, de ses relations ou de sa clarté mentale.

En même temps, il est essentiel de comprendre que le pouvoir de Papa Legba vient avec la responsabilité. Comme toutes les formes de magie noire, invoquer Papa Legba à des fins malveillantes nécessite une intention claire et le respect de son pouvoir. Papa Legba ne travaille pas avec ceux qui ne sont pas préparés ou qui ne sont pas sincères. Sa magie noire peut influencer le destin, mais ceux qui recherchent son aide doivent être prêts à en affronter les conséquences, car les forces des ténèbres ne sont jamais facilement contrôlées et ont toujours un coût.

Papa Legba se trouve à l'intersection de la lumière et de l'obscurité, et c'est à travers ses carrefours que l'on peut soit être guidé vers la sécurité, soit, à l'inverse, habilité à perturber et à détruire. En comprenant son lien profond avec les domaines positif et négatif, les pratiquants peuvent puiser dans son pouvoir de magie noire pour manipuler et contrôler, ou protéger et défendre, selon le chemin qu'ils choisissent de suivre.

Le lien de la fortune à la croisée des chemins

Objectif : Ouvrir ou fermer un portail spirituel, liant l'énergie de la fortune, du destin ou du destin à la volonté du lanceur de sorts.

Ingrédients:

Clé de la Croisée des Chemins : Une petite clé en fer, symbole du rôle de Papa Legba en tant que gardien.

Offrandes à Papa Legba : Comprend un cigare, du café noir et du rhum (offrandes traditionnelles en son honneur).

Trois bougies rouges : Représente la vie, la vitalité et l'ouverture de chemins.

Trois bougies noires : Représente la protection, le pouvoir et l'autorité de fermer les chemins.

De la terre d'un carrefour : Rassemblée à l'aube.

Craie ou farine en poudre : Pour dessiner un veve (symbole sacré) de Papa Legba.

Objet personnel : Un jeton représentant la cible du sort (une mèche de cheveux, un nom écrit ou une photographie).

Cloche ou hochet : Utilisé pour invoquer les esprits.

Lieu:

Un carrefour isolé à minuit. Le carrefour doit avoir un « X » clair et visible des routes ou des chemins qui se croisent.

Heure:

Le sort est mieux exécuté un samedi soir sous une lune décroissante (symbolisant les fins et les fermetures), bien qu'une lune croissante puisse fonctionner si l'intention est d'ouvrir des opportunités.

Incantation:
Français:
« Papa Legba, gardien de la porte,
Ouvrez la porte et scellez mon destin.
Ta sagesse guide, ta puissance demeure,
À travers ce sortilège, je tisse mes chemins.

Créole haïtien (langue maternelle de Papa Legba) :
« Papa Legba, gadò pòtay,
Ouvri pòt la e sele sò mwen.
Bon konprann ou gide, pouvwa ou rete,
Atravè mayi sa a, mwen tise chemen mwen."

Réalisation :

Préparation :

Purifiez-vous avec de la fumée d'encens (sauge ou encens).

Portez des vêtements sombres pour vous connecter à l'énergie spirituelle.

Veve Création :

Dessinez la veve de Papa Legba sur le sol à l'aide de craie ou de farine en poudre. Assurez-vous qu'il est symétrique et précis.

Configuration de l'autel :

Placez les bougies rouges et noires autour de la veve en alternance.

Placez les offrandes (cigare, café, rhum) près de la veve en hommage.

Invocation :

Allumez les bougies et tenez la cloche ou le hochet.

Invoquez Papa Legba, en scandant son nom en rythme tout en secouant la cloche :

"Papa Legba, ouvri pòt la ! Papa Legba, ouvri pòt la !" (répétez l'opération jusqu'à ce que vous sentiez sa présence).

Lancement de sorts :

Placez l'objet personnel au centre du veve.

Saupoudrez la terre du carrefour sur l'objet.

Concentrez votre intention tout en récitant l'incantation trois fois en Français, puis trois fois en créole haïtien.

Offrande et pétition :

Versez une petite quantité de rhum sur le veve.

Soufflez de la fumée de cigare sur le veve.

Tenez la tasse de café et dites : « Papa Legba, accepte ce cadeau et exauce mon vœu. Que la porte soit ouverte (ou fermée) selon ta sagesse.

Conclusion:

Éteignez les bougies dans l'ordre inverse de l'allumage (bougies noires d'abord, puis rouges).

Remerciez Papa Legba pour sa présence et son aide : « Papa Legba, mwen remèsye ou. Mache ak mwen toujou." (« Papa Legba, je te remercie. Marchez toujours avec moi.

Enterrez l'objet personnel à la croisée des chemins si le sort doit sceller quelque chose. Si vous ouvrez une passerelle, laissez les offrandes et laissez la nature reprendre possession de l'espace.

Ce sort reflète le profond respect et la structure traditionnelle de la magie.

Les ombres chuchotantes de Papa Legba

Objectif : Invoquer des vérités cachées, découvrir des secrets ou révéler des chemins cachés obscurcis par la tromperie ou la confusion.

Ingrédients:

Miroir argenté : Représente le reflet et la vérité.

Trois bougies blanches : Symbolisant la clarté, la lumière et l'orientation spirituelle.

Trois plumes noires : Représentant les ombres et les connaissances cachées.

Un morceau d'obsidienne ou d'onyx noir : Pour protéger contre les énergies nocives.

Craic Veve ou poudre blanche : Pour dessiner la veve sacrée de Papa Legba.

Offrandes à Papa Legba : Sucre de canne, noix de coco et café noir.

Une petite fiole d'eau de lune : recueillie sous la pleine lune, symbolisant l'illumination.

Jeton personnel : Un petit objet lié à la question ou au mystère (par exemple, une question écrite, une photo ou un objet lié au secret).

Lieu:

Effectuez ce sort dans un endroit calme et ombragé, de préférence près d'une porte ou d'un seuil pour symboliser l'ouverture de la connaissance. Un espace sacré ou un autel dédié à Papa Legba est idéal.

Heure:

Le sort est le plus puissant entre 23 heures et 1 heure du matin un jeudi, sous une lune décroissante ou la pleine lune.

Incantation:

Français:

« Papa Legba, gardien des clefs,

Dévoilez les vérités cachées dans les arbres.

Guide mes pas et lève le voile,

C'est par ta sagesse que je vaincrai.

Haïtien:

« Papa Legba, gadè kle,

Dekouvri laverite kache nan pyebwa.

Gide pa m e leve vwal la,

Avèk bon konprann ou, mwen va reyisi."

Réalisation :

Préparation:

Portez des vêtements simples et sombres pour symboliser l'humilité devant les esprits.

Nettoyez votre espace en saupoudrant de l'eau de lune autour de la zone.

Veve Création :

À l'aide de craie de veve ou de poudre blanche, dessinez soigneusement le veve de Papa Legba sur le sol ou sur une surface plane.

Placez le miroir argenté au centre du veve, avec l'obsidienne noire ou l'onyx à côté.

Disposition des bougies :

Entourez la veve avec les trois bougies blanches en forme de triangle.

Placez les plumes noires autour du miroir, en se déployant comme des ailes.

Offrandes:

Placez le sucre de canne, la noix de coco et le café près du veve comme cadeaux pour Papa Legba.

Invocation:

Allumez les bougies et agenouillez-vous devant le vétérinaire.

Invoquez Papa Legba en chantant en rythme:

"Papa Legba, ouvri pòt la ! Papa Legba, mwen rele ou !" (Papa Legba, ouvre la porte ! Papa Legba, je t'appelle !)

Activation des sorts :

Placez le jeton personnel (p. ex., photo, question) sur le miroir.

Versez quelques gouttes d'eau de lune sur le miroir, en le regardant refléter la lumière des bougies.

Récitez l'incantation d'abord en Français, puis en créole haïtien, tout en tenant l'obsidienne noire ou l'onyx.

À l'écoute de Shadows :

Fermez les yeux, tenez fermement l'obsidienne et écoutez les murmures, les sentiments ou les visions de Papa Legba.

Si vous n'entendez rien, répétez le chant : « Papa Legba, ouvri pòt la pou laverite ! » (Papa Legba, ouvre la porte à la vérité !) trois fois.

Conclusion:

Remerciez Papa Legba pour ses conseils, en disant : "Papa Legba, mwen remèsye ou. Se ou ki pote limyè a." (Papa Legba, je te remercie. Vous êtes le porteur de lumière.)

Éteignez les bougies dans l'ordre inverse, en laissant le miroir et le jeton personnel en place pendant la nuit.

Le lendemain, enterrez les plumes noires et les offrandes près d'un arbre ou d'un carrefour en signe de gratitude.

Effet:
Les vérités peuvent venir au lanceur de sorts dans les rêves, les réalisations soudaines ou les rencontres inattendues. Ce sort met l'accent sur la clarté et la sagesse tout en maintenant une vénération pour les forces invisibles à l'œuvre.

La colère de la vengeance à la croisée des chemins
Objectif : Invoquer les conseils de Papa Legba pour se venger, en utilisant la justice spirituelle pour équilibrer les torts causés au lanceur.

Ingrédients:
Clou rouillé : Représente le préjudice et l'ancrage de l'intention.
Cordon rouge : Symbolisant la liaison et le contrôle de la cible.

Une bougie noire : Pour canaliser le pouvoir et invoquer l'énergie de la vengeance.

Une petite poupée: Conçu pour représenter la personne sur laquelle vous cherchez à vous venger (utilisez des objets personnels si possible : des cheveux, une photo ou de l'écriture).

Épices piquantes : poivre de Cayenne, poudre de chili ou poivre noir pour signifier la justice ardente.

Carrefour de terre : Pris d'un endroit où deux chemins se rencontrent.

Offrandes à Papa Legba : Du rhum, du tabac (ou un cigare) et une poignée de pièces de monnaie.

Un morceau de parchemin : Pour écrire le nom de la cible.

Craie de Veve ou poudre blanche : Pour dessiner la veve de Papa Legba.

Lieu:

Effectuez ce sort à un carrefour sous le couvert de la nuit, en vous assurant que personne ne vous dérange. Si ce n'est pas possible, un espace sombre et calme près d'une porte peut servir de carrefour symbolique.

Heure:
Ce sort est mieux exécuté un samedi soir pendant une lune décroissante (symbolisant le bannissement et les fins). Midnight amplifie sa puissance.

Incantation:
Français:
« Papa Legba, gardien des clefs,
Entendez mon cri, écoutez mes supplications.
Les torts contre moi, je vous les apporte,
Ouvrez la voie à la justice.

Haïtien:

« Papa Legba, gadè kle,

Tande kri mwen, koute siplikasyon mwen.

Tò fè m, mwen pote ba ou,

Ouvri chemen pou jistis vin jwenn mwen."

Réalisation :

Préparation:

Habillez-vous avec des vêtements sombres et nettoyez-vous avec la fumée de la sauge ou de l'encens.

Apportez tous les ingrédients au carrefour ou à l'espace rituel.

Veve Création :

À l'aide de craie de veve ou de poudre blanche, dessinez le veve sacré de Papa Legba sur le sol.

Placez la bougie noire en haut du veve, la poupée au centre et les offrandes près des bords.

Appel à Papa Legba :

Allumez la bougie noire et commencez à chanter : "Papa Legba, ouvri pòt la ! Papa Legba, mwen rele ou !" (Papa Legba, ouvre la porte ! Papa Legba, je t'appelle !)

Versez le rhum sur le veve, allumez le cigare et soufflez de la fumée sur le la poupée en disant :

« Papa Legba, mwen mande ou jistis. » (Papa Legba, je demande justice.)

Chargement du La poupée :

Écrivez le nom de la cible sur le parchemin et enroulez-le autour du clapet avec la ficelle rouge. Saupoudrez la terre du carrefour et les épices chaudes sur le clapet en disant :

« Que leurs actes leur reviennent, que la douleur qu'ils ont causée rebondisse à nouveau. »

Récitation de l'incantation :

Récitez l'incantation trois fois en Français et trois fois en créole haïtien tout en vous concentrant intensément sur votre intention. Visualisez la cible confrontée aux conséquences de ses actes.

Motivation de l'intention :

Prenez le clou rouillé et plantez-le dans le clapet, en parlant à haute voix du mal spécifique ou de la justice que vous recherchez. Par exemple:

« Pour les mensonges qu'ils ont dits, que la vérité les détruise. »

Répétez l'opération pour chaque grief que vous souhaitez aborder, en utilisant vos mots comme canal pour la puissance du sort.

Conclusion:

Remerciez Papa Legba pour son aide en disant : "Papa Legba, mwen remèsye ou pou pouvwa ou. Kite jistis mache avèk mwen." (Papa Legba, je te remercie pour ta puissance. Que la justice marche avec moi.)

Éteignez la bougie noire et enterrez le la poupée, le parchemin et le clou rouillé au carrefour ou dans un endroit caché près de l'emplacement de la cible. Laissez les offrandes au carrefour en guise d'hommage.

Effet :

Ce sort invoque la justice spirituelle grâce à la sagesse de Papa Legba.

Rupture, les liens coupés de la croisée des chemins

Objectif : Invoquer le pouvoir de Papa Legba de créer la séparation et la discorde entre deux individus, mettant fin à leur lien et rompant définitivement leur connexion.

Ingrédients:

Deux bougies noires : Représentant les deux individus dont le lien sera rompu.

Un cordon rouge : Symbolisant le lien entre le couple.

Une paire de photos ou d'objets personnels : une pour chaque personne du couple.

Citron ou citron vert : Pour aigrir leur relation.

Poivre noir et poudre de cayenne : Pour ajouter une discorde ardente.

La terre d'un carrefour : Symbolisant une scission dans leurs chemins.

Craie de Veve ou poudre blanche : Pour dessiner la veve de Papa Legba.

Offrandes à Papa Legba : Une bouteille de rhum, un cigare et des friandises sucrées (bonbons ou noix de coco).

Un petit couteau ou des ciseaux : Pour couper la ficelle rouge, symbolisant la rupture de leur lien.

Lieu:

Effectuez le sort à un carrefour ou près d'une porte, symbolisant la rupture des chemins. L'emplacement doit être privé pour éviter toute interférence.

Heure:

Le sort est plus efficace un samedi soir pendant une lune décroissante, car cette phase symbolise la libération et la fin. Midnight amplifie sa puissance.

Incantation:

Français:

« Papa Legba, gardien des portes,

Brisez les liens, divisez leur cours.

Fermez le chemin qu'ils empruntent à deux,

Apportez la discorde là où l'amour a grandi.

Haïtien:

"Papa Legba, gadè pòt yo,

Kraze lyen yo, separe chemen yo.

Fèmen chemen yo te mache a de,

Mete dezòd kote renmen te grandi."

Réalisation :

Préparation:

Habillez-vous avec des vêtements neutres ou sombres pour maintenir votre neutralité spirituelle. Apportez tous les ingrédients au carrefour ou à l'espace sacré de votre choix.

Veve Création :

À l'aide de craie de veve ou de poudre blanche, dessinez le veve sacré de Papa Legba sur le sol. Placez les deux bougies noires de part et d'autre de la veve, représentant le couple.

Offrandes:

Placez le rhum, le cigare et les friandises sur le veve en l'honneur de Papa Legba.

Invocation:

Allumez les bougies et commencez à chanter :

"Papa Legba, ouvri pòt la ! Papa Legba, mwen rele ou !" (Papa Legba, ouvre la porte ! Papa Legba, je t'appelle !)

Versez le rhum sur le veve et allumez le cigare. Soufflez la fumée sur la veve en disant :

« Papa Legba, mwen mande ou kraze lyen sa yo. » (Papa Legba, je te demande de briser ces liens.)

Lier les cibles :

Attachez la ficelle rouge autour des deux photos ou objets personnels, en les liant ensemble.

Placez les articles attachés entre les deux bougies.

Aigrir le lien :

Coupez le citron ou le citron vert en deux et saupoudrez de poivre noir et de poudre de cayenne sur la chair exposée.

Frottez les moitiés de citron ou de citron vert sur la ficelle attachée en disant :

« Là où la douceur habitait, que l'aigre grandisse maintenant.

Là où l'amour a été partagé, que la colère se manifeste.

Papa Legba, frayez-vous un chemin,

Que ce lien s'arrête ici aujourd'hui.

Rompre le lien :

À l'aide d'un couteau ou de ciseaux, coupez la ficelle rouge en deux, en séparant les photos ou les objets.

Soufflez les bougies une à une en disant :

« Ce chemin est fermé, le lien a disparu.

Papa Legba, ma volonté est faite.

Conclusion:

Remerciez Papa Legba pour son aide en disant :

"Papa Legba, mwen remèsye ou. Mache avèk mwen toujou. (Papa Legba, je te remercie. Marchez toujours avec moi.)

Enterrez les restes du sort (la ficelle, le citron/citron vert et les photos/objets) à un carrefour ou dans un endroit éloigné de votre maison. Laissez les offrandes derrière vous en hommage à Papa Legba.

Effet:

Ce sort est conçu pour perturber l'harmonie et faire s'éloigner le couple ciblé.

Le chemin du malheur

Objectif : Faire appel à Papa Legba pour diriger les obstacles, la confusion et le malheur dans la vie d'un ennemi, en s'assurant qu'il fasse face à des défis et des revers à chaque tournant.

Ingrédients:

Bougie noire : Représente le malheur et le pouvoir d'envoyer de l'énergie négative.

Parchemin brun : Pour écrire le nom et les détails de l'ennemi.

Une poignée de carrefours en terre : Symbolise la redirection de leur chemin vers le chaos.

Un œuf pourri ou un fruit gâté : Pour attirer la pourriture et les ennuis.

Cordon rouge et noir : Représentant le lien de la confusion et du conflit.

Épices piquantes : Poudre de chili, poivre noir et poivre de Cayenne pour allumer la tourmente.

Craie Veve ou poudre blanche : Pour dessiner la veve sacrée de Papa Legba.

Offrandes à Papa Legba : Du rhum, un cigare et des friandises.

Clous rouillés : Pour symboliser les obstacles et les dommages.

Lieu:

Ce sort doit être exécuté à un carrefour ou près d'une porte physique, un espace symbolique pour changer le cours des événements.

Heure:

Le sort est le plus puissant lors d'une nuit de samedi sur une lune décroissante, car cette phase de lune s'aligne avec le bannissement et les fins. Midnight renforce sa puissance.

Incantation:

Français:

« Papa Legba, gardien des routes,

Tournez leur chemin avec de lourdes charges.

Le malheur arrive, leur paix brisée,

C'est par ta volonté que mon œuvre est filée.

Haïtien:

« Papa Legba, gadò chemen yo,

Tòde chemen yo ak chay lou.

Malè vini, lapè yo kase,

Avèk volonte ou, travay mwen fèt."

Réalisation :

Préparation:

Habillez-vous avec des vêtements sombres et nettoyez votre espace en brûlant de la sauge ou une autre herbe nettoyante.

Apportez tous les ingrédients dans l'espace rituel.

Veve Création :

À l'aide de craie de veve ou de poudre blanche, dessinez le veve sacré de Papa Legba sur le sol.

Placez la bougie noire au centre de la veve.

Offrandes:

Déposez le rhum, le cigare et les friandises sur le veve en guise d'offrande à Papa Legba.

Invocation:

Allumez la bougie et chantez :

"Papa Legba, ouvri pòt la ! Papa Legba, mwen rele ou !" (Papa Legba, ouvre la porte ! Papa Legba, je t'appelle !)

Soufflez de la fumée de cigare sur le veve, en vous concentrant sur votre intention de créer des obstacles pour votre ennemi.

Liaison de la cible :

Écrivez le nom de votre ennemi et autant de détails que possible sur le parchemin.

Saupoudrez la terre du carrefour, les épices chaudes et les clous rouillés sur le parchemin en disant :

« Que leurs pas faiblissent, que leurs plans tournent mal,

Que le malheur les hante et que les ennuis se rapprochent.

Réalisation de Misfortune :

Enveloppez le papier sulfurisé, l'œuf pourri ou les fruits gâtés et les ongles rouillés avec la ficelle rouge et noire.

Faites couler de la cire de la bougie noire sur le paquet pour sceller votre intention.

Chanter l'incantation :

Tenez le paquet dans vos mains et récitez l'incantation trois fois en Français, puis trois fois en créole haïtien, en visualisant le chaos et le malheur s'abattant sur votre ennemi.

Dernière étape :

Enterrez le paquet à un carrefour ou jetez-le dans l'eau courante (comme une rivière ou un ruisseau) pour envoyer l'énergie.

Laissez les offrandes derrière vous à la croisée des chemins pour honorer Papa Legba et vous assurer que le sort est exécuté.

Conclusion :

Remerciez Papa Legba pour son aide en disant :

"Papa Legba, mwen remèsye ou. Mache avèk mwen toujou. (Papa Legba, je te remercie. Marchez toujours avec moi.)

Éteignez la bougie et quittez l'espace rituel sans regarder en arrière.

Effet :

Ce sort invoque Papa Legba pour rediriger l'énergie dans la vie de votre ennemi, provoquant des retards, de la confusion et des difficultés.

L'ombre des vents malades

Objectif : Invoquer Papa Legba pour apporter la maladie ou la faiblesse physique à un ennemi, drainant sa force et sa vitalité en tant que justice spirituelle.

Ingrédients:

Bougie noire : Représente la maladie et la décomposition.

Un objet personnel de la cible (ou son nom écrit sur un parchemin) : Pour relier le sort à l'ennemi.

Saleté d'un cimetière ou d'un carrefour : Symbolisant l'énergie mortelle et l'altération du chemin.

Un morceau de viande avariée ou un fruit pourri : Représente la pourriture et l'infection de la santé.

Trois clous ou épingles rouillés : Pour « percer » la vitalité de l'ennemi.

Épices piquantes : Poivre noir, poudre de cayenne et graines de moutarde pour enflammer leurs souffrances.

Craie Veve ou poudre blanche : Pour dessiner la veve sacrée de Papa Legba.

Offrandes à Papa Legba : Du rhum, un cigare et des bonbons (bonbons, noix de coco ou sucre de canne).

Un bol d'eau stagnante : Pour symboliser l'énergie stagnante qui invite à la maladie.

Lieu:

Exécutez le sort à un carrefour, dans un cimetière ou près d'une porte pour signifier le rôle de Papa Legba en tant que gardien des chemins.

Heure:

Ce sort doit être effectué un samedi soir sous une lune décroissante, un moment de fins, d'affaiblissement et de bannissement. Midnight est idéal pour canaliser toute sa puissance.

Incantation:

Français:

« Papa Legba, gardien du destin,

Apportez-leur un état de malaise.

Affaiblir leur corps, drainer leur pouvoir,

Laissez-les se faner à chaque heure.

Haïtien:

«Papa Legba, gadò sò,

Pote maladi nan kò yo.

Fè yo febli, drenaj fòs yo,

Kite yo fennen chak èdtan."

Réalisation :

Préparation:

Habillez-vous en noir ou en couleurs sombres, symboliques de l'énergie que vous invoquez. Nettoyez l'espace en brûlant une herbe nettoyante comme la sauge, mais laissez une partie de l'espace « non nettoyée » pour inviter l'énergie de l'ombre.

Veve Création :

À l'aide de craie de veve ou de poudre blanche, dessinez le veve sacré de Papa Legba sur le sol. Placez la bougie noire au centre de la veve.

Offrandes:

Placez le rhum, le cigare et les bonbons sur le veve en guise d'offrandes à Papa Legba.

Invocation:

Allumez le cierge noir et appelez Papa Legba :

"Papa Legba, ouvri pòt la ! Papa Legba, mwen rele ou !" (Papa Legba, ouvre la porte ! Papa Legba, je t'appelle !)

Versez le rhum sur le veve et allumez le cigare. Soufflez de la fumée sur le vev en vous concentrant sur votre intention.

Liaison de la cible :

Prenez l'objet personnel ou le parchemin avec le nom de l'ennemi et saupoudrez-le de terre de cimetière ou de carrefour.

Enveloppez-le dans la viande avariée ou les fruits pourris en disant :

« Par cette décomposition, je rejette leur santé.

Que la maladie frappe et affaiblisse leur journée.

Maudit de l'énergie :

Saupoudrez les épices chaudes et enfoncez les clous rouillés dans le paquet tout en chantant :

"À chaque piqûre, je prends leur force.

Papa Legba, fais ressortir leur douleur.

Récitation de l'incantation :

Tenez le paquet au-dessus du bol d'eau stagnante et chantez l'incantation trois fois en Français et trois fois en créole haïtien.

Jetez le paquet dans l'eau, en visualisant la santé de l'ennemi se détériorer à mesure que le paquet stagne.

Achèvement:

Soufflez la bougie en disant :

"Papa Legba, mwen remèsye ou. Pote travay mwen ale. (Papa Legba, je te remercie. Emportez mon travail.)

Laissez les offrandes et le bol d'eau à un carrefour ou enterrez-les dans un endroit caché loin de votre maison.

Conclusion:

Remerciez Papa Legba avec humilité et quittez le site rituel sans regarder en arrière.

Lavez-vous les mains et nettoyez-vous spirituellement avec de l'eau salée ou une herbe purifiante comme le romarin ou la rue pour éviter l'énergie négative persistante.

Effet:

Ce sort cherche à apporter la maladie ou la faiblesse à votre ennemi en invoquant l'énergie de carrefour de Papa Legba.

Le carrefour de la richesse

Objectif : Invoquer les conseils de Papa Legba et ouvrir la voie à la richesse, à la prospérité et à l'abondance financière.

Ingrédients:

Bougie dorée ou verte : Représente la richesse, l'abondance et la croissance financière.

Feuilles de laurier : symbole de prospérité et de succès.

Un morceau de parchemin ou de papier : Pour écrire vos désirs ou vos objectifs financiers.

Une pièce de monnaie : comme offrande et symbole de richesse.

Poudre de cannelle : Pour attirer l'énergie financière qui circule rapidement.

Miel ou sucre : Pour adoucir votre chemin vers la richesse.

La terre d'un carrefour : symboliser le rôle de Papa Legba en tant que gardien des opportunités.

Offrandes à Papa Legba : Une bouteille de rhum, un cigare et des friandises sucrées (comme des bonbons ou de la noix de coco).

Craie Veve ou poudre blanche : Pour dessiner la veve sacrée de Papa Legba.

Une petite pochette ou un sac : Pour contenir l'énergie du sort et l'emporter avec vous.

Lieu:

Effectuez ce sort à un carrefour ou près de l'entrée de votre maison pour symboliser l'ouverture de la porte aux opportunités.

Heure:

Ce sort fonctionne mieux un jeudi soir (associé à la prospérité et à l'énergie de Jupiter) pendant une lune croissante, qui symbolise la croissance et l'abondance.

Incantation:

Français:

« Papa Legba, gardien des clefs,

Ouvrez-moi le chemin de la richesse.

Apportez la fortune, l'or et des richesses incalculables,

Avec vos bénédictions, mes rêves se réalisent.

Haïtien:

« Papa Legba, gadè kle yo,

Ouvri chemen richès pou mwen.

Pote chans, lò, ak richès san parèy,

Avèk benediksyon ou, rèv mwen reyalize."

Réalisation :

Préparation:

Habillez-vous avec des vêtements propres et clairs pour symboliser votre volonté de recevoir des bénédictions.

Rassemblez vos matériaux et trouvez un endroit calme et concentré à un carrefour ou près de votre porte.

Veve Création :

À l'aide de craie de veve ou de poudre blanche, dessinez le veve sacré de Papa Legba sur le sol.

Placez la bougie dorée ou verte au centre du veve.

Offrandes:

Placez le rhum, le cigare et les friandises autour du veve pour honorer Papa Legba.

Invocation:

Allumez la bougie et chantez :

"Papa Legba, ouvri pòt la ! Papa Legba, mwen rele ou !" (Papa Legba, ouvre la porte ! Papa Legba, je t'appelle !)

Versez un peu de rhum sur le veve, allumez le cigare et soufflez la fumée sur le veve.

Définir votre intention :

Écrivez vos objectifs financiers ou vos désirs sur le parchemin (soyez précis : « Je veux gagner 10 000 $ » ou « Apporter des opportunités rentables »).

Saupoudrez de poudre de cannelle et de terre du carrefour sur le parchemin, en disant :

« Par ta volonté, ma richesse augmentera.

Ouvrez le chemin et laissez couler la fortune.

Charger le sort :

Placez la pièce de monnaie et les feuilles de laurier sur le parchemin, pliez-le et oignez-le de miel ou de sucre pour adoucir votre chemin vers la richesse.

Placez le parchemin plié dans la pochette ou le sac avec les feuilles de laurier et la pièce de monnaie.

Récitation de l'incantation :

Tenez la pochette dans vos mains et chantez l'incantation trois fois en Français et trois fois en créole haïtien.

Visualisez la lumière dorée qui vous entoure et la richesse qui s'écoule dans votre vie de toutes les directions.

Scellement du sort :

Éteignez la bougie en disant :

"Papa Legba, mwen remèsye ou. Mache avèk mwen, kite richès vini." (Papa Legba, je te remercie. Marchez avec moi, que la richesse vienne.)

Transportez la pochette avec vous comme une breloque ou placez-la dans un espace où vous gérez vos finances (comme votre portefeuille, votre coffre-fort ou votre espace de travail).

Conclusion:

Laissez les offrandes au carrefour en hommage à Papa Legba et partez sans regarder en arrière. Remerciez Papa Legba pour son aide et faites confiance à ses conseils pour apporter de la richesse et des opportunités dans votre vie.

Effet:

Ce sort aligne vos intentions sur l'énergie de Papa Legba, ouvrant la voie à la richesse et au succès. Les opportunités peuvent se présenter de manière inattendue, alors restez ouvert et prêt à y donner suite.

Sortilège de la pauvreté, les verrous du malheur

Objectif : Invoquer le pouvoir de Papa Legba pour bloquer les opportunités, apporter des difficultés financières et drainer la richesse de la vie d'un ennemi, le laissant faire face à la pauvreté et aux difficultés.

Ingrédients:

Bougie noire : Représente la négativité, la perte et les blocages.

Un morceau de parchemin ou de papier : pour écrire le nom de votre ennemi et les détails financiers (s'ils sont connus).

Carrefours de terre : Symbolisant le rôle de Papa Legba dans la réorientation des chemins vers les difficultés.

Une poignée d'orties séchées ou d'épines : Pour créer des obstacles et bloquer la croissance financière.

Poivre de Cayenne et poivre noir : Pour enflammer et intensifier leurs problèmes financiers.

Un morceau de charbon de bois ou de bois brûlé : Pour symboliser la ruine financière.

Une pièce de monnaie rouillée ou un morceau de métal cassé : Représente la rareté et la perte de richesse.

Craie Veve ou poudre blanche : Pour dessiner la veve sacrée de Papa Legba.

Offrandes à Papa Legba : Une petite bouteille de rhum, un cigare et des friandises sucrées (comme des bonbons ou de la noix de coco).

Un bocal ou un récipient : Pour contenir l'énergie du sort et contenir la représentation symbolique de leur malheur financier.

Lieu:

Exécutez ce sort à un carrefour ou près d'une porte pour signifier que Papa Legba contrôle les chemins et les opportunités.

Heure:

Le sort est plus efficace un samedi soir pendant une lune décroissante, car cette phase de lune est associée aux fins, au bannissement et à la perte. Minuit est le moment le plus puissant pour effectuer ce rituel.

Incantation:
Français:
« Papa Legba, gardien des clefs,
Fermez leurs portes, mettez-les à genoux.
Bloquez leur fortune, drainez leur or,
Que leurs richesses s'affaiblissent et se refroidissent.

Haïtien:
« Papa Legba, gadè kle yo,
Fèmen pòt yo, mete yo ajenou.
Bloke richès yo, seche lò yo,

Kite richès yo vin frèt ak mèg."

Réalisation :

Préparation:

Habillez-vous de couleurs noires ou sombres, symboliques de l'intention du sort.

Rassemblez vos matériaux et assurez-vous d'être dans un endroit privé où vous ne serez pas dérangé.

Veve Création :

À l'aide de craie de veve ou de poudre blanche, dessinez le veve sacré de Papa Legba sur le sol.

Placez la bougie noire au centre de la veve.

Offrandes:

Placez le rhum, le cigare et les friandises près de la veve en guise d'offrande à Papa Legba.

Invocation:

Allumez la bougie noire et appelez Papa Legba :

"Papa Legba, ouvri pòt la ! Papa Legba, mwen rele ou !" (Papa Legba, ouvre la porte ! Papa Legba, je t'appelle !)

Versez le rhum sur le veve et allumez le cigare. Soufflez de la fumée sur le veve, visualisant la richesse de la cible s'effriter et les opportunités se fermer.

Création de la Jarre de Malheur :

Écrivez le nom de la cible et les détails financiers (s'ils sont connus) sur le parchemin.

Placez le parchemin à l'intérieur du bocal, en ajoutant de la terre de carrefour, des orties ou des épines séchées, du poivre de Cayenne, du poivre noir, du charbon de bois et la pièce de monnaie rouillée ou le métal cassé.

Lorsque vous ajoutez chaque élément, dites :

« Avec ce [nom de l'objet], je bloque leur richesse.

Avec ce [nom de l'objet], je draine leur santé.

Papa Legba, emporte leurs richesses,

Laissez-les perdus et consternés.

Scellement du sort :

Fermez bien le pot et versez de la cire de la bougie noire sur le couvercle pour sceller votre intention.

Tenez le pot dans vos mains et chantez l'incantation trois fois en Français et trois fois en créole haïtien.

Visualisez la ruine financière de la cible, voyant son argent s'envoler et ses opportunités se fermer.

Dernière étape :

Enterrez le pot à un carrefour ou dans un endroit caché loin de chez vous.

Laissez les offrandes derrière vous au carrefour pour honorer Papa Legba.

Conclusion:

Remerciez Papa Legba pour son aide en disant :

"Papa Legba, mwen remèsye ou. Pote travay mwen ale. (Papa Legba, je te remercie. Emportez mon travail.)

Éteignez la bougie et éloignez-vous du site rituel sans regarder en arrière.

Effet:

Ce sort utilise l'énergie de Papa Legba pour fermer des portes et rediriger le flux de fortune financière, causant malheur et pauvreté à la cible. Cependant, de tels sorts sont souvent accompagnés d'avertissements sur les conséquences karmiques.

Insomnie magie noire Les chaînes de l'agitation

Objectif : Invoquer le pouvoir de Papa Legba pour bloquer un sommeil réparateur, créant de l'insomnie et de l'agitation pour la cible, la laissant épuisée mentalement et physiquement.

Ingrédients:

Bougie noire : Représente la perturbation de la paix et du repos.

Une photo ou un nom de la cible : Pour lier l'énergie du sort à l'individu.

Graines de pavot : Pour représenter les pensées éparpillées et l'énergie agitée.

Piment de Cayenne ou épices fortes : Pour enflammer leur esprit et leur corps, empêchant le calme.

Clous ou épingles rouillés : Symbolisant les perturbations et perçant leur repos.

Un morceau de miroir brisé : pour refléter leur tourment intérieur et amplifier la confusion.

Saleté du cimetière : Pour canaliser l'énergie agitée et le malaise spirituel.

Craie Veve ou poudre blanche : Pour dessiner la veve sacrée de Papa Legba.

Offrandes à Papa Legba : du rhum, un cigare et des friandises (bonbons, noix de coco ou gâteaux).

Un bocal ou un petit récipient : Pour contenir l'énergie du sort.

Lieu:

Exécutez ce sort à un carrefour (le domaine de Papa Legba) ou dans un endroit calme et sombre où vous pouvez concentrer votre intention.

Heure:

Le sort fonctionne mieux un mardi ou un samedi soir pendant la phase de lune noire (nouvelle lune). Minuit, l'heure des sorcières, augmentera sa puissance.

Incantation:

Français:

« Papa Legba, entends ma supplication,

Prenez leur sommeil et leur tranquillité.

Qu'ils se remuent, qu'ils se retournent,

Jusqu'à ce que leur esprit et leur corps brûlent.

Haïtien:

« Papa Legba, koute priyè mwen,

Pran dòmi yo ak trankilite yo.

Kite yo vire, kite yo bouje,

Jiskaske lespri ak kò yo boule."

Réalisation :

Préparation:

Portez des vêtements sombres pour vous aligner avec l'énergie du sort.

Nettoyez l'espace rituel, mais laissez une partie non purifiée pour inviter une énergie agitée.

Veve Création :

Dessinez le veve sacré de Papa Legba sur le sol avec de la craie ou de la poudre.

Placez la bougie noire au centre de la veve.

Offrandes:

Placez le rhum, le cigare et les friandises près de la veve en guise d'offrande à Papa Legba.

Invocation:

Allumez la bougie noire et chantez :

"Papa Legba, ouvri pòt la ! Papa Legba, mwen rele ou !" (Papa Legba, ouvre la porte ! Papa Legba, je t'appelle !)

Versez un peu de rhum sur la veve et allumez le cigare en soufflant de la fumée dessus pour attirer l'attention de Papa Legba.

Création du pot d'agitation :

Écrivez le nom de la cible ou placez sa photo dans le bocal.

Ajoutez des graines de pavot, du poivre de Cayenne, des ongles rouillés, des morceaux de miroir cassés et de la saleté de cimetière.

Au fur et à mesure que vous ajoutez chaque ingrédient, dites :

« Avec ces graines, leurs pensées se disperseront.

Avec cette épice, leur paix se brisera.

Avec cet ongle, je perce leur repos.

Avec ce miroir, l'agitation se manifeste.

Charger le sort :

Tenez le bocal et chantez l'incantation trois fois en Français et trois fois en créole haïtien.

Visualisez la cible se tournant et se retournant, incapable de trouver la paix ou le repos.

Scellement de l'énergie :

Fermez bien le pot et versez de la cire de bougie noire sur le couvercle pour le sceller.

Secouez le pot en chantant :

« Pas de paix, pas de repos, pas de sommeil ce soir. Leur esprit s'emballera jusqu'au jour.

Dernière étape :

Enterrez le pot à un carrefour ou cachez-le dans un endroit sombre et non dérangé.

Laissez les offrandes à la croisée des chemins en hommage à Papa Legba.

Conclusion:

Remerciez Papa Legba pour son aide et dites :

"Papa Legba, mwen remèsye ou. Pote travay mwen ale. (Papa Legba, je te remercie. Emportez mon travail.)

Éteignez la bougie et quittez le site du rituel sans regarder en arrière.

Effet:

Ce sort perturbe le sommeil de la cible et crée une agitation permanente, la laissant épuisée mentalement et physiquement. Cependant, comme tous les sorts de mal, cela peut avoir des conséquences spirituelles ou karmiques.

Faites de la graisse votre rivale, Le poids de la gourmandise

Objectif : Invoquer le pouvoir de Papa Legba pour placer l'énergie de l'excès et de l'appétit incontrôlable sur votre rival, le faisant prendre du poids et lutter contre son corps.

Ingrédients:

Bougie brune ou noire : Symbolisant les changements physiques et l'indulgence.

Une photo ou le nom de la cible : Pour concentrer le sort sur votre rival.

Un morceau de tissu ou une poupée : Représentant la cible (s'il s'agit d'une poupée, remplissez-la de coton ou de garniture).

Sucre, miel ou sirop : Pour symboliser l'excès et l'excès.

Saindoux ou beurre : Représente la lourdeur et la prise de poids.

Riz ou farine : Pour symboliser la garniture et les ballonnements.

Un bout de ficelle : Pour « lier » l'excédent à la cible.

Carrefour : Pour relier le sort aux pouvoirs de Papa Legba.

Offrandes à Papa Legba : Une bouteille de rhum, un cigare, des friandises sucrées (comme des bonbons ou des gâteaux).

Craie Veve ou poudre blanche : Pour dessiner la veve sacrée de Papa Legba.

Lieu:

Effectuez ce sort à un carrefour ou dans un espace isolé où vous pouvez vous concentrer sur vos intentions.

Heure:

Le sort fonctionne mieux un vendredi soir pendant une lune croissante, car cette phase de lune symbolise la croissance et l'expansion. Minuit est idéal pour amplifier l'énergie du sort.

Incantation:

Français:

« Papa Legba, gardien des portes,

Lier leur corps à l'excès et plus encore.

Que leur faim grandisse et grandisse,

À chaque bouchée, laissez la lourdeur apparaître.

Haïtien:

"Papa Legba, gadè pòt yo,

Mare kò yo ak depase ak plis toujou.

Kite grangou yo grandi e grandi,

Avèk chak mòde, kite pwa parèt."

Réalisation :

Préparation:

Portez des vêtements neutres ou foncés pour vous aligner avec l'énergie concentrée.

Rassemblez vos matériaux et assurez-vous de ne pas être dérangé.

Veve Création :

Dessinez la veve de Papa Legba sur le sol à l'aide de craie ou de poudre blanche.

Placez la bougie au centre du veve.

Offrandes:

Placez le rhum, le cigare et les friandises sucrées en offrandes près du veve.

Invocation:

Allumez la bougie et chantez :

"Papa Legba, ouvri pòt la ! Papa Legba, mwen rele ou !" (Papa Legba, ouvre la porte ! Papa Legba, je t'appelle !)

Versez un peu de rhum sur le veve et allumez le cigare en soufflant de la fumée sur le veve.

Lier l'énergie :

Prenez le tissu ou la poupée représentant la cible et écrivez son nom dessus (ou joignez-y sa photo).

Frottez le sucre, le miel, le saindoux et la farine sur le chiffon ou la poupée en disant :

"Par ta gourmandise, que le poids t'entoure,

Des pas lourds, des kilos en trop.

À chaque bouchée, laissez grandir les fringales,

Et avec cela, leur lourdeur se montre.

Enveloppez le tissu ou la poupée avec la ficelle, en liant l'énergie de l'excès à son corps.

Scellement du sort :

Saupoudrez de terre de carrefour sur le veve et autour du chiffon ou de la poupée.

Chantez l'incantation trois fois en Français et trois fois en créole haïtien, en visualisant la cible cédant à la faim sans fin et à son corps devenant plus lourd.

Dernière étape :

Cachez ou enterrez le tissu/la poupée dans un endroit secret où il ne sera pas dérangé.

Laissez les offrandes à la croisée des chemins en hommage à Papa Legba.

Conclusion:

Remerciez Papa Legba pour ses conseils, en disant : "Papa Legba, mwen remèsye ou. Pote travay mwen ale. (Papa Legba, je te remercie. Emportez mon travail.)

Éteignez la bougie et quittez le site du rituel sans regarder en arrière.

Effet:

Le sort canalise l'énergie de Papa Legba pour influencer l'appétit et le comportement de la cible, encourageant l'abus et la prise de poids. Comme pour tous les sorts qui causent des dommages, il existe un potentiel de conséquences karmiques ou d'effets involontaires.

Sort d'ouverture de la porte interdite

But:

Ce sort cherche à ouvrir la porte interdite à la connaissance cachée et aux pouvoirs sombres, accordant au lanceur la capacité de communiquer avec les esprits au-delà du voile. Les conseils de Papa Legba sont nécessaires pour naviguer dans ce royaume et recevoir en toute sécurité des secrets qui pourraient autrement rester cachés.

Ingrédients:

Bougie noire - Représente les forces obscures et l'inconnu.

Clé de fer - Un symbole de l'ouverture d'un chemin ou d'une passerelle verrouillée.

Une poignée de terre de cimetière - Pour se connecter avec les esprits des ancêtres.

Plumes de coq noir - Représente le pouvoir de Papa Legba et sa connexion avec la croisée des chemins.

Un bol de rhum - Utilisé comme offrande à Papa Legba, souvent versé aux carrefours.

Un morceau de tissu rouge - Symbolise la protection et la traversée entre les royaumes.

Un petit bâton ou une baguette en bois - Utilisé comme conduit pour le sort.

Lieu et heure :

Lieu : Le sort doit être lancé à un carrefour, idéalement la nuit, dans un endroit où vous pouvez faire appel aux esprits sans interruption. L'idéal serait d'être dans un endroit isolé comme une route abandonnée ou dans un petit espace tranquille dans une forêt. Si ce n'est pas possible, un cercle de fortune avec les ingrédients peut être mis en place dans votre maison, face à une porte ou une fenêtre pour symboliser le seuil.

Temps : Le meilleur moment pour effectuer ce rituel est dans l'obscurité de la lune (lune décroissante), lorsque les pouvoirs de l'ombre et du secret sont les plus forts.

Incantation (en Français et dans la langue maternelle de Papa Legba) :

Version Française :

« Je me tiens à la croisée des chemins, à la recherche des clés d'un savoir interdit. Papa Legba, ouvre la porte pour que je puisse passer. J'en appelle à ta sagesse, à ta puissance, à tes conseils. Laissez le chemin se dérouler et les esprits me révéler leurs secrets. Je franchis le seuil avec respect et en ton nom, il en sera ainsi.

Langue maternelle (créole haïtien) :
"Mwen kanpe nan kwen wout la, ap chèche kle konesans entèdi. Papa Legba, louvri pòt la pou mwen ka pase. M'ap rele sou sajès ou, fòs ou, gidans ou. Se pou chemen an louvri epi lespri yo revele sekrè yo pou mwen. Mwen travèse papòt la ak respè e nan non ou, se konsa li ye."

Réalisation :
Commencez par préparer l'espace à la croisée des chemins ou à l'intérieur de votre cercle. Placez la bougie noire au centre de votre espace de travail, en vous assurant qu'elle est à l'abri du vent ou de toute perturbation.

Posez le chiffon rouge sur le sol ou sur la table, en y plaçant la clé de fer, les plumes de coq et la terre du cimetière. Placez le bâton en bois à côté de vous, à portée de main.

Allumez la bougie noire avec une allumette (n'utilisez jamais de briquet) et concentrez votre énergie sur la flamme.

Versez une petite quantité de rhum dans le bol et placez-le à côté de la bougie en guise d'offrande.

Tenez-vous devant l'espace, les bras levés, en tenant le bâton en bois. Regardez dans la flamme de la bougie en sentant la présence de Papa Legba.

Récitez l'incantation en Français et en créole haïtien, en le répétant trois fois, avec intention et détermination. Pendant que vous parlez, visualisez la porte avant de vous ouvrir, révélant lentement un monde de connaissances et d'esprits prêts à communiquer.

Pendant que vous chantez, trempez les plumes de coq dans le rhum et saupoudrez de terre autour de la bougie, symbolisant l'invitation des esprits à entrer dans l'espace.

Conclusion:

Après le chant et les offrandes, laissez la bougie brûler complètement (assurez-vous de surveiller de près la bougie pour plus de sécurité). Une fois qu'il a brûlé, terminez le rituel en exprimant votre gratitude à Papa Legba pour sa protection et ses conseils.

Pour conclure :

« Papa Legba, gardien et protecteur, je te remercie de t'avoir ouvert la voie. Que la connaissance que je recherche vienne avec respect, et que je marche prudemment sur ce chemin sombre. Je pars maintenant, mais je reviendrai quand le moment sera venu. Je suis honoré de votre présence. Débarrassez-vous des restes (le rhum, la terre et les plumes de coq) au carrefour, un endroit où les esprits des morts sont censés se rassembler. S'ils sont à l'intérieur, jetez-les en les enterrant dans un petit trou dans le sol, en vous assurant que le but du rituel reste intact.

Ce sort devrait ouvrir la porte à des pouvoirs plus profonds, mais vient aussi avec la compréhension que Papa Legba peut guider mais aussi protéger. Le lanceur doit faire preuve de prudence, car les connaissances acquises peuvent avoir du poids et des conséquences.

Échec à l'examen, Sort de la porte fermée

Il peut être utilisé pour bloquer le chemin de la réussite d'une personne, en particulier dans le cadre d'un examen. Papa Legba, en tant qu'esprit de carrefour et gardien, peut être invoqué pour fermer les portes de l'opportunité à une autre personne, l'empêchant de réussir dans une entreprise particulière.

But:
Ce sort cherche à bloquer la réussite d'une personne à un examen, en s'assurant qu'elle ne peut pas réussir. C'est un sort d'obscurcissement, de malheur

et de confusion, empêchant la clarté de la pensée et la concentration. L'aide de Papa Legba pour fermer les chemins est essentielle à cet effet.

Ingrédients:

Bougie noire – Symbolise l'obscurité, le blocage et la fermeture des portes.

Carrefour, terre (ou terre d'une route très fréquentée) – Représente le carrefour spirituel où les décisions sont prises, symbolisant la fermeture d'un chemin spécifique.

Poivre noir – Utilisé pour la confusion et causer la malchance.

Une petite figurine ou un objet représentant la personne (une photo, des cheveux ou un objet qu'elle utilise régulièrement) – Représente la cible.

Fil ou ficelle rouge – Attaché autour de la figurine pour symboliser l'enchevêtrement, empêchant le mouvement ou le succès.

Un cadenas ou une petite chaîne – Symbolise la fermeture des portes et des obstacles.

Un bol de rhum – Une offrande à Papa Legba pour gagner sa faveur et son aide pour bloquer le chemin.

Une feuille de papier sur laquelle sont écrits les détails de l'examen (ou le nom de l'examen, l'heure et le lieu) – Symbolise l'objectif spécifique.

Lieu et heure :

Lieu : Effectuez ce sort dans un espace privé où vous ne serez pas dérangé. Idéalement, cela devrait se faire à un carrefour (symboliquement ou littéralement) pour invoquer l'esprit de Papa Legba. Si ce n'est pas possible, vous pouvez le faire à l'intérieur dans un espace privé.

Temps : Le meilleur moment est dans l'obscurité de la lune, lorsque les énergies de blocage et de secret sont les plus fortes. Si ce n'est pas possible, vous pouvez le faire un mardi ou un samedi, car ces jours sont traditionnellement associés à des obstacles et des défis.

Incantation (en Français et en créole haïtien) :

Version Française :

« Papa Legba, je t'appelle, gardien du carrefour. Fermez les portes du succès pour [Nom], bloquez leur chemin et semez la confusion dans leur esprit. Qu'ils trébuchent, qu'ils échouent, que le chemin soit scellé. Ouvrez la porte de l'échec et fermez le chemin de la victoire. Je vous demande le pouvoir de fermer leur chemin vers la réussite dans cet examen.

Langue maternelle (créole haïtien) :

"Papa Legba, mwen rele sou ou, gad pòt kwen wout la. Fèmen pòt siksè pou [Nom], bloke chemen yo, epi lakoz konfizyon nan tèt yo. Se pou yo tonbe, se pou yo echwe, se pou chemen an fèmen. Louvri pòt la pou echèk, epi fèmen chemen viktwa a. M'ap mande pou pouvwa ou fèmen chemen yo pou siksè nan ekzamen sa a."

Réalisation :

Préparez votre espace : Placez la bougie noire au centre de votre espace de travail. Allumez-le avec intention et concentrez-vous sur la flamme en tant que connexion avec l'énergie de Papa Legba.

Placez la figurine ou l'objet représentant la cible (la personne) devant la bougie.

Attachez le cordon rouge autour de l'objet ou de la figurine en disant : « Vous êtes empêtré dans l'échec, incapable d'avancer. »

Saupoudrez de poivre noir autour de la figurine, créant un petit cercle de confusion. Visualisez la personne se perdant dans ses pensées, incapable de se concentrer et incapable de réussir l'examen.

Écrivez les détails de l'examen (ou le nom de la cible) sur le papier. Placez-le sous la figurine, représentant leur futur échec à l'examen.

Placez le cadenas ou la chaîne sur le papier, symbolisant les portes fermées et le verrouillage de leur succès.

Versez le rhum dans le bol en offrande à Papa Legba, en disant : « Papa Legba, je t'offre cette boisson, et en retour, je te demande de fermer le chemin du succès pour [Nom]. Scellez leur échec et empêchez-les d'atteindre la victoire.

Récitez l'incantation (en Français et en créole) trois fois, en concentrant toute votre énergie sur l'échec de la personne.

Asseyez-vous en silence pendant quelques instants, laissez l'énergie s'installer, et visualisez la personne qui échoue à son examen, incapable de trouver les bonnes réponses, trébuchant sur ses questions et ressentant le poids de la confusion.

Une fois que vous sentez que le rituel est terminé, éteignez la bougie en l'éteignant et non en la soufflant, car cela représente la fermeture finale du chemin.

Conclusion:

Après le rituel, débarrassez-vous des matériaux en les jetant à un carrefour ou en les enterrant loin de chez vous. La figurine, le papier et le poivre noir doivent être jetés dans un endroit où la personne ne peut pas facilement les récupérer, symbolisant la fermeture de leurs opportunités.

Le mot de la fin :

« Papa Legba, gardien, je vous remercie de votre aide. Que [Nom] ne réussisse pas son examen et que son chemin reste bloqué. C'est ainsi que c'est fait.

Notes importantes :

Les sorts de magie noire comme celui-ci peuvent avoir une énergie et des conséquences importantes. Utilisez-les à bon escient, car ils peuvent se rctourncr contrc vous s'ils ne sont pas exécutés correctement. Soyez toujours conscient des ramifications éthiques de vos actions et considérez les conséquences de nuire au succès des autres.

Bien que Papa Legba soit un gardien, sa magie doit être utilisée avec respect, car il se tient entre les mondes visibles et invisibles. Remerciez toujours pour son aide.

Arrêter le mariage, sort du chemin fermé du mariage

Un sort conçu pour empêcher quelqu'un de se marier peut certainement avoir de profondes conséquences, car le mariage est un événement important qui change la vie. Si vous choisissez d'aller de l'avant avec ce type de sort, il est important d'être conscient de ses possibles ramifications spirituelles et karmiques.

But:

Ce sort est conçu pour fermer le chemin du mariage à une personne spécifique, l'empêchant de se marier ou de trouver le bonheur dans leur union. Il invoque le pouvoir de Papa Legba de bloquer les portes et de fermer les possibilités d'un mariage réussi.

Ingrédients:

Bougie noire – Représente l'obscurité et la fermeture des portes.

Une petite serrure – Symbolise le blocage de l'union et le verrouillage du chemin vers le mariage.

Une image ou un objet représentant la personne pour empêcher le mariage (une photo, un vêtement ou tout objet lui appartenant) – Représente la cible.

Un morceau de ficelle (noire ou rouge) – Attaché autour de l'objet ou de la figurine, symbolisant la restriction et les empêchant d'aller de l'avant avec leur mariage.

Un petit plat de sel – Représente la séparation, la dissolution et la prévention de l'unité.

Une petite bouteille de vinaigre – Connu pour ses propriétés à aigrir les relations et à provoquer des tensions.

Un morceau de papier avec les détails du mariage (ou simplement les noms des personnes et la date du mariage) – Représente l'union que vous souhaitez empêcher.

Un bol de rhum – Utilisé comme offrande à Papa Legba pour gagner sa faveur et son aide pour bloquer le mariage.

Une plume noire – Représente le pouvoir d'intervention de Papa Legba et de fermer les chemins.

Lieu et heure :

Lieu : Ce sort doit être effectué dans un espace calme et privé où vous ne serez pas dérangé. Une pièce sombre est idéale, mais cela peut aussi être fait à l'extérieur, en particulier à un carrefour (symbolique ou littéral), car Papa Legba est le gardien des carrefours.

Temps : Effectuez le rituel pendant la lune noire (lune décroissante), lorsque les énergies de séparation, de bannissement et de restriction sont à leur apogée. Alternativement, exécuter le sort un mardi ou un samedi, jours associés à des obstacles et des fins, pourrait également être puissant.

Incantation (en Français et en créole haïtien) :

Version Française :

« Papa Legba, je t'appelle, gardien des carrefours et gardien des destins. Bloquez le chemin de [Nom] vers leur mariage. Fermez la porte à leur bonheur, et empêchez leur union. Scellez le chemin, attachez leurs cœurs et verrouillez leur amour. Que l'on ne trouve ni joie ni paix dans ce mariage, et que le lien soit rompu. Je vous demande le pouvoir de verrouiller la porte de leur mariage.

Langue maternelle (créole haïtien) :
"Papa Legba, mwen rele sou ou, gad pòt kwen wout la ak gardyen destine yo. Bloke chemen [Nom] pou maryaj yo. Fèmen pòt lan pou kè kontan yo, epi anpeche inyon yo. Fèmen chemen an, mare kè yo, epi fèmen lanmou yo. Se pou på gen okenn lajwa oswa lapè nan maryaj sa a, épi se pou lyen an separe. M'ap mande pou pouvwa ou fèmen pòt maryaj yo.

Réalisation :

Préparez votre espace en plaçant la bougie noire au centre de votre zone de travail. Allumez-le avec intention, en vous concentrant sur la flamme comme point de connexion avec l'énergie de Papa Legba.

Visualisez le mariage de la personne bloqué par une force impénétrable.

Placez la photo ou l'objet représentant la personne devant la bougie.

Attachez la ficelle noire ou rouge autour de l'objet en disant : « Ils sont attachés, liés et restreints. Ils n'avanceront pas.

Saupoudrez le sel en cercle autour de la figurine ou de l'objet pour représenter la séparation et la dissolution du lien du mariage.

Versez du vinaigre sur le sel, symbolisant l'aigreur de leur relation et la destruction de l'harmonie dans leur union.

Écrivez les noms du couple et la date du mariage sur la feuille de papier. Pliez-le loin de vous, puis placez le cadenas sur le papier plié, symbolisant le blocage du mariage.

Verse le rhum dans le bol en offrande à Papa Legba en disant : « Papa Legba, je t'offre ceci pour que tu te guides. Que votre puissance ferme le chemin et verrouille ce mariage dans l'échec. Empêchez cette union et ouvrez plutôt la porte à la séparation.

Récitez l'incantation (en Français et en créole) trois fois, en concentrant toute votre intention sur la destruction du mariage, en imaginant la relation vaciller et finalement se séparer.

Imaginez le mariage qui s'effondre, le couple qui fait face à des obstacles et dont l'amour se dissout. Imaginez l'union bloquée, les portes se fermant et le chemin du bonheur scellé.

Une fois que vous sentez que le rituel est terminé, éteignez la bougie en l'éteignant, symbolisant la fermeture finale du chemin du mariage.

Conclusion:

Après le rituel, jetez les restes (le papier, la serrure et les autres matériaux) dans un endroit où ils ne peuvent pas être récupérés, idéalement à un carrefour ou dans un lieu d'eau (comme une rivière ou un ruisseau) pour emporter l'énergie. Cela symbolisc la rupture du lien et la fermeture de la porte du mariage.

Le mot de la fin :

« Papa Legba, gardien, je vous remercie de votre aide. Que ce mariage soit bloqué, que le chemin soit fermé et que le lien entre [Nom] et [Nom] soit rompu. C'est ainsi que c'est fait.

Notes importantes :

Conséquences : Bloquer le chemin de quelqu'un vers le mariage par la magie noire a un poids important. Ces types de sorts peuvent affecter la vie personnelle, les relations et l'avenir de la cible. Soyez toujours conscient des conséquences karmiques.

Sort de contrôle de l'esprit à la croisée des chemins

But:

Ce sort est conçu pour influencer et contrôler subtilement les pensées et l'état d'esprit d'une personne, guidant ses pensées et ses décisions vers le résultat souhaité. Cela créera un lien énergétique entre la cible et vous, l'amenant à penser d'une manière qui vous est bénéfique, sans outrepasser complètement son libre arbitre.

Ingrédients:

Bougie noire – Représente l'énergie sombre, la manipulation de l'esprit et le contrôle.

Une image ou un objet appartenant à la personne (une photo, un objet personnel comme un vêtement, ou même une coupe d'ongle) – Représente l'énergie de la personne.

Fil noir ou ficelle – Pour lier leurs pensées aux vôtres, symbolisant une connexion entre les deux esprits.

Un jeton de carrefour (petite pierre ou morceau de terre d'un carrefour) – Pour invoquer l'énergie de Papa Legba, le gardien et le guide des décisions.

Une feuille de papier – Écrivez le nom de la personne et le résultat souhaité (p. ex., « Je veux que [Nom] ne pense qu'à moi » ou « Je veux que [Nom] soit d'accord avec ma décision »).

Un bol de miel – Utilisé pour adoucir leurs pensées à votre égard, les rendant plus susceptibles de suivre votre influence.

Une pincée de cannelle – Pour stimuler l'esprit et guider subtilement leurs pensées.

Une plume noire – Représente la capacité de Papa Legba à guider et à diriger l'énergie.

Un bol de rhum – En offrande à Papa Legba pour l'aider à guider les intentions du sort.

Lieu et heure :

Lieu : Effectuez le rituel dans un espace calme et privé où vous pouvez vous concentrer sans être dérangé. Idéalement, cela devrait se faire dans un espace avec accès aux carrefours ou à l'extérieur, symbolisant la connexion à Papa Legba et l'ouverture de chemins.

Temps : Le meilleur moment est pendant la lune noire (lune décroissante), qui est associée à la liaison, à la fin et à l'élimination des obstacles. Alternativement, le mardi ou le samedi sont des jours qui peuvent améliorer la manipulation et contrôler l'énergie.

Incantation (en Français et en créole haïtien) :

Version Française :

« Papa Legba, ouvre la porte à leur esprit et laisse-les se laisser guider par mes pensées. J'en appelle à ton pouvoir de lier [Nom] à ma volonté et à mes pensées. Que leur esprit s'aligne sur le mien et qu'ils voient les choses comme je le souhaite. Qu'ils soient attirés par mon influence et que leurs décisions reflètent mes désirs. Je te demande, Papa Legba, de guider leurs pensées, leurs actions et leurs décisions à mon égard.

Langue maternelle (créole haïtien) :
"Papa Legba, ouvri pòt nan tèt yo epi kite yo gide pa panse mwen. M'ap rele sou pouvwa ou pou mare [Nom] ak volonte ak panse mwen. Se pou lespri yo ak tèt yo aliyen avèk mwen, epi se pou yo wè bagay yo jan mwen vle. Se pou yö atire nán enfliyans mwen, épi se pou desizyon yő reflette sa mwen swete. M'ap mande ou, Papa Legba, pou gide panse, aksyon, ak desizyon yo vè mwen."

Réalisation :

Aménagez votre espace : Placez la bougie noire au centre de votre zone de travail et allumez-la avec une intention ciblée, en vous concentrant sur votre désir d'influencer l'état d'esprit de la personne. Placez l'image ou l'objet représentant la personne devant la bougie.

Écrivez le nom de la personne sur la feuille de papier et indiquez le résultat souhaité. Soyez aussi précis que possible. Pliez le papier trois fois loin de vous pour symboliser le déplacement de votre influence dans l'univers.

Attachez le fil noir autour de la photo ou de l'objet en disant : « Leurs pensées sont maintenant liées aux miennes, leur esprit est maintenant ouvert à mon influence. »

Saupoudrez de cannelle sur l'objet pour stimuler l'esprit de la cible et augmenter la réceptivité à vos pensées.

Versez une petite quantité de miel sur le papier avec leur nom, symbolisant la douceur et l'attraction de leurs pensées pour les vôtres.

Placez le jeton de carrefour (pierre ou terre) à côté de l'image, représentant l'ouverture d'un chemin dans leur esprit et leurs décisions.

Verse le rhum dans le bol en offrande à Papa Legba en disant : « Papa Legba, guide leur esprit et leurs pensées. Ouvrez-leur le chemin à mon influence, et laissez-les venir sous ma direction.

Récitez l'incantation (en Français et en créole) trois fois, en concentrant toute votre énergie sur la création d'une forte connexion mentale entre vous et la personne.

Pendant que vous chantez, visualisez les pensées de la personne s'aligner sur les vôtres – voyez-la penser à vous, être d'accord avec vos idées ou prendre des décisions en votre faveur. Imaginez que leurs pensées se tournent vers vous à chaque instant, guidées par votre volonté.

Conclusion:

Après avoir terminé le rituel, éteignez la bougie (ne la soufflez jamais) pour symboliser le scellement de l'influence sur l'esprit de la personne.

Jetez les restes (le papier, l'objet et la ficelle) à un carrefour ou à un endroit où la personne ne peut pas les récupérer. Vous pouvez également l'enterrer loin de votre maison pour vous assurer que l'éncrgic cst scellée.

Le mot de la fin :

« Papa Legba, merci d'avoir ouvert la porte. Que l'esprit de [Nom] soit guidé par mes pensées, et qu'elles suivent ma volonté. C'est ainsi que c'est fait.

Sort pour entraver l'apparition d'un rival

But:

Ce sort est destiné à provoquer des blocages spirituels et des perturbations dans la vie d'un rival, ce qui pourrait se manifester par des effets négatifs sur son apparence physique. L'idée est d'invoquer les pouvoirs de Papa Legba pour fermer les portes de la beauté, de l'harmonie et de l'apparence au rival.

Ingrédients:

Bougie noire – Représente la fermeture des portes et l'obscurité de l'intention.

Une photo ou un objet représentant le rival (par exemple, une image, un vêtement ou des cheveux) – Symbolise le rival.

Un miroir – Représente le reflet de leur beauté, à déformer ou à bloquer symboliquement.

La terre d'un carrefour – l'espace sacré de Papa Legba ; symbolise le blocage de leur chemin vers la beauté et le succès.

Fil noir – Pour lier le rival au sort, en le liant au résultat.

Une petite bouteille de vinaigre – Représente l'aigreur et la perte d'attractivité ou d'harmonie.

Un bol de rhum – Offrande à Papa Legba, pour gagner sa faveur et son aide.

Une pincée de sel – Utilisé pour aigrir et fermer leur chemin vers la beauté ou l'énergie positive.

Une plume noire – Représente l'influence directrice de Papa Legba.

Lieu et heure :

Lieu : Effectuez le sort dans un espace privé et calme, idéalement à un carrefour (symbolique ou littéral), qui invoque l'énergie de Papa Legba.

Temps : Mieux exécuté pendant la lune noire (lune décroissante), qui est associée aux fins, au bannissement et à la fermeture des portes. Alternativement, vous pouvez le faire un mardi ou un samedi, des jours liés aux obstacles et aux fins.

Incantation (en Français et en créole haïtien) :

Version Française :

« Papa Legba, gardien du carrefour, je t'appelle à barrer le chemin de [Nom] vers la beauté et l'harmonie. Fermez les portes à leur succès, et aigrissez la douceur de leur apparence. Que leur charme s'estompe et que leur beauté diminue, car tu es le gardien des chemins, et je te demande de les guider vers le chemin de l'inconfort et de la disharmonie. Que leurs reflets perdent de leur éclat et que le miroir ne montre que des défauts. Je vous le demande avec respect, Papa Legba, que vous interveniez et que vous fermiez leur chemin vers la beauté.

Langue maternelle (créole haïtien) :
"Papa Legba, gad pòt kwen wout la, mwen rele sou ou pou bloke chemen [Nom] nan bèlte ak amoni. Fèmen pòt yo pou siksè yo, epi fè asidite nan bèlte yo. Se pou cham yo fennen e bèlte yo diminye, paske ou se gadyè wout la, e mwen mande ou pou

gide yo sou chemen ki san konfò ak dezakò. Se pou refleksyon yo pèdi briyo yo, epi se pou glas la montre sèlman defo. M'ap mande sa avèk respè, Papa Legba, pou ou entèvni e fèmen chemen yo pou bèlte."

Réalisation :

Installez l'espace en plaçant la bougie noire au centre. Allumez-le et concentrez-vous sur votre intention de bloquer le chemin de la beauté de votre rival.

Placez la photo ou l'objet du rival devant la bougie. Écrivez son nom sur une feuille de papier et pliez-la trois fois loin de vous.

Attachez le fil noir autour de la photo ou de l'objet en disant : « Leur beauté est liée, leur charme est perdu. »

Placez le miroir face à l'image du rival, symbolisant le reflet de leur beauté. Ce faisant, visualisez leur reflet se déformer, perdant de son éclat et de son éclat.

Saupoudrez une pincée de sel autour de l'objet, symbolisant l'aigreur de sa beauté et de son énergie positive.

Versez le vinaigre sur la photo ou l'objet en disant : « Que leur beauté s'aigrit et s'estompe, que leur attrait disparaisse. »

Placez la terre du carrefour autour de la photo ou de l'objet pour bloquer leur chemin et empêcher tout succès lié à leur apparence ou à leur beauté.

Verse le rhum dans le bol en offrande à Papa Legba, en disant : « Papa Legba, je t'offre ceci et te demande ton pouvoir de les éloigner de la beauté et de l'harmonie. »

Récitez l'incantation (en Français et en créole) trois fois, en concentrant votre énergie sur la visualisation de la détérioration de l'apparence du rival en termes de charme, de beauté ou de succès.

Visualisez-les devenir moins attrayants, leur aura s'estomper et leur reflet ne plus briller de charme.

Éteignez la bougie (ne la soufflez pas), symbolisant la fin de leur beauté et de leur succès.

Conclusion:

Après le rituel, jetez les matériaux (la photo, la ficelle, le papier, etc.) dans un endroit où le rival ne peut pas y accéder, idéalement à un carrefour ou dans un endroit où il ne le trouvera pas. Cela symbolise la fermeture du chemin vers leur beauté et leur succès.

Le mot de la fin :

« Papa Legba, merci pour votre aide à fermer leur chemin. Qu'ils ne trouvent aucune beauté en eux-mêmes ou chez les autres, et que leur charme et leur apparence diminuent. C'est ainsi que c'est fait.

Sort de stérilité avec Papa Legba

But:

Ce sort est destiné à bloquer ou à empêcher quelqu'un de devenir fertile, ce qui rend difficile pour lui d'avoir des enfants. Il est destiné à fermer le chemin vers la parentalité, mais pas à causer des dommages directs ou des effets irréversibles. Il s'agit d'un sort de blocage qui vise à empêcher la personne de réussir à concevoir.

Ingrédients:

Bougie noire – Symbolise l'obscurité, la fermeture des portes et le blocage du flux d'énergie.

Une photo ou un objet représentant la personne – Une image, un objet personnel ou un objet qui se connecte à la personne que vous ciblez.

Un morceau de papier avec le nom de la personne et le résultat souhaité – Écrit avec une intention claire, indiquant que vous souhaitez bloquer la fertilité ou empêcher la parentalité.

Une petite bouteille de vinaigre – Pour aigrir la fertilité de la personne et éliminer le risque de conception.

Un jeton de carrefour (terre ou pierre d'un carrefour) – Pour invoquer Papa Legba, en tant que gardien des carrefours, aidant à bloquer leur chemin vers la fertilité.

Une aiguille ou une épingle – Pour représenter le « perçage » de leur chemin vers la parentalité.

Une plume noire – Représente la présence de Papa Legba et son pouvoir de fermer les portes et de bloquer les chemins.

Un petit bol de rhum – Une offrande à Papa Legba, demandant son aide.

Sel – Pour ajouter un élément de séparation et de sécheresse, empêchant une nouvelle vie de s'enraciner.

Lieu et heure :

Lieu : Idéalement, ce sort devrait se faire dans un espace privé où vous ne serez pas dérangé. Un carrefour, qu'il soit littéral ou symbolique, serait parfait pour ce type de magie, car il s'aligne avec le pouvoir de Papa Legba sur les décisions et les chemins.

Temps : Le meilleur moment pour exécuter ce sort est pendant la lune noire (lune décroissante), une phase associée aux fins, aux blocages et aux restrictions. Vous pouvez également le faire le mardi ou le samedi, qui sont des jours associés à la liaison et à la prévention de la croissance.

Incantation (en Français et en créole haïtien) :

Version Française :

« Papa Legba, gardien de la croisée des chemins, je t'appelle à barrer le chemin de la fertilité à [Nom]. Fermez la porte à leur capacité à créer la vie et gâchez leur chance de devenir parent. Je demande que leur chemin vers la parentalité soit scellé et qu'aucune nouvelle vie ne vienne d'eux. Que leur semence ne germe pas, et que leur corps soit stérile. Que leurs tentatives de conception soient infructueuses et que leurs entrailles restent fermées.

Papa Legba, je te remercie de ton aide dans cette affaire.

Langue maternelle (créole haïtien) :
"Papa Legba, gad pòt kwen wout la, mwen rele sou ou pou bloke chemen [Nom] nan fè pitit. Fèmen pòt lan pou kapasite yo pou kreye lavi, epi fè asidite nan chans yo pou vin paran. M'ap mande ou pou chemen yo nan paran se pou yo fèmen, epi pa gen nouvo lavi ki soti nan yo. Se pou grenn yo pa leve, epi kò yo rete san pitit. Se pou esè yo nan konsèpsyon pa reyisi, è pou vant yo rete fèmen. Papa Legba, m'ap remèsye ou pou èd ou nan sa.

Réalisation :
Préparez votre espace en plaçant la bougie noire au centre de votre zone de travail et en l'allumant.

Concentrez-vous sur le blocage de la fertilité de la personne, en fermant son chemin vers la parentalité.

Placez la photo ou l'objet de la personne que vous ciblez devant la bougie, en connectant l'énergie entre eux et le sort.

Écrivez le nom de la personne et le résultat souhaité sur la feuille de papier. Soyez très précis, en indiquant clairement que vous souhaitez bloquer leur fertilité et empêcher la conception. Pliez le papier trois fois, en vous éloignant de vous pour symboliser le fait de repousser leurs chances d'être parents.

Placez le jeton de carrefour près de la photo ou de l'objet. Ce faisant, visualisez une porte qui se ferme devant la personne, bloquant sa capacité à devenir parent.

Épinglez l'aiguille ou épinglez dans le papier avec leur nom, symbolisant le blocage de leur fertilité et perçant leur chemin vers la conception.

Saupoudrez de sel autour de l'objet ou de la photo pour représenter la sécheresse et la stérilité de leur corps. Le sel est connu pour empêcher les choses de pousser, et c'est un symbole de blocage et de séparation.

Versez du vinaigre sur la photo ou l'objet en disant : « Que leur corps rejette la vie, que leur fertilité s'aigrit. »

Verse le rhum dans le bol en offrande à Papa Legba, en disant : « Papa Legba, j'en appelle à ta puissance pour guider leur chemin loin de la parentalité. Scelle leur ventre et bloque le flux d'une nouvelle vie.

Récitez l'incantation (en Français et en créole) trois fois, en vous concentrant sur la visualisation du chemin de la personne vers la parentalité complètement bloqué.

Pendant que vous chantez, visualisez leur fertilité en déclin : voyez leurs utérus fermés, leurs tentatives de conception infructueuses et l'énergie d'une nouvelle vie s'évanouir loin d'eux.

Éteignez la bougie (ne la soufflez pas), symbolisant le scellement final du chemin bloqué.

Conclusion:

Après le rituel, jetez les restes (la photo, le papier, l'aiguille et d'autres matériaux) dans un endroit où ils ne peuvent pas être récupérés. Idéalement, vous devriez le laisser à un carrefour, symbolisant que le chemin de la fertilité a été fermé définitivement.

Le mot de la fin :

« Papa Legba, merci pour votre aide à bloquer le chemin de [Nom]. Que leur corps reste stérile, que leurs graines ne germent pas et que leurs tentatives de parentalité soient à jamais infructueuses. C'est ainsi que c'est fait.

Sortilège pour rabaisser un ennemi avec Papa Legba

But:

Ce sort vise à réduire le statut, la confiance et l'influence d'un ennemi ou d'un rival. Il cherche à faire échouer leurs efforts, en les faisant paraître moins capables ou insignifiants aux yeux des autres. L'intention est de causer l'humiliation ou de saper leur capacité à réussir.

Ingrédients:

Bougie noire – Représente l'obscurité, la négativité et la fermeture des chemins.

Une photo ou un objet représentant la personne – Un objet qui se connecte à l'ennemi (par exemple, une photo, un vêtement ou un objet personnel).

Une feuille de papier avec le nom de la personne et le résultat souhaité – Écrivez clairement son nom et votre intention (par exemple, « Puisse [Nom] échouer dans tout ce qu'il fait et devenir la risée »).

Une aiguille ou une épingle – Pour percer l'énergie et la confiance de votre ennemi.

Un jeton de carrefour (pierre ou terre d'un carrefour) – Symbolisant le pouvoir de Papa Legba et son contrôle sur les chemins et les décisions.

Une pincée de sel – Pour aigrir leurs efforts, les rendre malchanceux ou infructueux.

Vinaigre ou liquide aigre – Pour ajouter de l'amertume à leur réputation et à leurs efforts.

Un petit bol de rhum – À offrir à Papa Legba, en lui demandant de le guider pour apporter l'humiliation ou l'échec à votre ennemi.

Plume noire – Pour représenter la présence et la puissance de Papa Legba.

Lieu et heure :

Lieu : Ce sort doit être effectué dans un endroit privé et calme où vous pouvez vous concentrer profondément sur vos intentions. Si possible, effectuez le sort à un carrefour, un endroit où l'énergie de Papa Legba est la plus forte.

Temps : La lune noire (lune décroissante) est le moment idéal, car elle correspond à la fermeture, aux fins et à l'apport d'énergie négative aux autres. Vous pouvez également effectuer ce sort le mardi ou le samedi, deux jours associés aux conflits, aux fins et à l'influence négative.

Incantation (en Français et en créole haïtien) :

Version Française :

« Papa Legba, gardien du carrefour, je t'appelle à bloquer le chemin de [Nom]. Qu'ils trébuchent dans tous leurs efforts, que leur confiance s'effondre et qu'ils soient rabaissés par le monde qui les entoure. Que leurs efforts tombent à plat et qu'ils soient considérés comme faibles et incapables. Que les autres les méprisent, se moquent d'eux et les voient comme insignifiants. Papa Legba, avec tes conseils, laisse-les devenir l'ombre d'eux-mêmes. Fermez leurs portes au succès et ne leur apportez que l'échec et le ridicule. C'est ainsi que c'est fait.

Langue maternelle (créole haïtien) :

"Papa Legba, gad pòt kwen wout la, mwen rele sou ou pou bloke chemen [Nom] nan. Se pou yo tonbe nan tout sa yo ap eseye, se pou konfyans yo echwe, e se pou yo diminye devan mond lan. Se pou efò yo tonbe, epi se pou yo wè kòm fèb e kapab. Se pou lòt moun gade yo anba, ri sou yo, epi wè yo kòm insignifiyan. Papa Legba, avèk gidans ou, se pou yo vin yon lonbraj de tèt yo anvan sa. Fèmen pòt yo pou siksè e pote yo sèlman echèk ak ridikil. Se konsa li fèt."

Réalisation :

Préparez votre espace en allumant la bougie noire. Concentrez-vous sur votre intention de diminuer le pouvoir et l'influence de votre ennemi.

Placez la photo ou l'objet de votre ennemi devant la bougie. Cet objet les représente et relie leur énergie au sort.

Écrivez le nom de la personne et le résultat souhaité sur la feuille de papier. Soyez précis dans vos désirs, par exemple : « Je veux que [Nom] échoue publiquement » ou « Laisse [Nom] perdre sa crédibilité ».

Épinglez l'aiguille ou épinglez dans le papier avec leur nom pour symboliser le perçage de leur confiance et de leur énergie. Cela vise à bloquer leur succès.

Saupoudrez de sel autour de l'objet ou de la photo en disant : « Que leurs efforts tournent à l'échec, que leurs actions soient aigries. »

Versez du vinaigre sur la photo ou l'objet pour ajouter de l'amertume, symbolisant l'énergie négative que vous souhaitez leur imposer.

Placez le jeton de carrefour près de la photo pour invoquer l'énergie de Papa Legba. Pendant que vous faites cela, visualisez le chemin de votre ennemi en train d'être fermé : regardez-le trébucher, échouer et devenir insignifiant.

Verse le rhum dans le bol en guise d'offrande à Papa Legba en disant : « Papa Legba, merci de m'avoir guidé dans cette tâche. Je vous demande de m'aider à humilier [Nom] et à lui barrer la route du succès.

Récitez l'incantation (en Français et en créole) trois fois avec concentration et intention. Pendant que vous chantez, imaginez votre ennemi s'affaiblir, ses efforts échouer et sa réputation chuter.

Visualisez leur énergie s'affaiblir – voyez-les devenir plus petits et moins importants aux yeux des autres. Voyez leur confiance s'effondrer, leurs échecs devenir apparents et leur humiliation devenir un spectacle public.

Éteignez la bougie (ne la soufflez jamais) pour sceller le sort. Cela symbolise la fermeture finale de leurs portes et l'accomplissement du sort.

Conclusion:

Après le rituel, jetez les matériaux (photo, papier, aiguille, etc.) loin de chez vous, idéalement à un carrefour, pour bloquer davantage leur chemin et vous assurer que la puissance du sort reste scellée.

Le mot de la fin :

« Papa Legba, je te remercie de ton aide. [Nom] est désormais bloqué en cas de succès. Leur chemin est fermé, et leurs efforts ne mèneront qu'à l'échec et au ridicule. C'est ainsi que c'est fait.

Sort pour créer des rumeurs contre un ennemi en utilisant Papa Legba

But:

Ce sort est destiné à créer de la confusion et à conduire à des rumeurs sur un ennemi. L'idée est d'influencer subtilement les canaux de communication, en faisant paraître la personne peu fiable, indigne de confiance ou en faisant dire des choses négatives à son sujet. Il ne cause pas directement de tort, mais manipule le flux des mots et des commérages.

Ingrédients:

Bougie noire – Symbolise l'obscurité, le secret et la propagation de l'énergie négative.

Une photo ou un objet représentant la personne – Une photo, un objet personnel ou quelque chose qui se connecte à l'ennemi.

Une feuille de papier avec le nom de la personne et le résultat souhaité – Écrivez son nom et les rumeurs spécifiques que vous souhaitez manifester, comme « Que [Nom] soit perçu comme malhonnête et indigne de confiance » ou « Que les gens parlent mal de [Nom] ».

Un miroir – Symbolise la réflexion et la communication.

Une plume noire – Représente l'influence de Papa Legba.

Une épingle ou une aiguille – Pour percer leur réputation et répandre l'énergie.

Rhum – Une offrande à Papa Legba pour obtenir son aide.

Une pincée de sel – Pour ternir leur réputation et ajouter de l'amertume à leur image.

Un bol d'eau – Pour symboliser la propagation des commérages et des rumeurs, qui coulent comme de l'eau.

Lieu et heure :

Lieu : Ce sort doit être effectué dans un espace privé et calme. Idéalement, il devrait être près d'un carrefour ou d'un espace ouvert où l'énergie circule librement, car il se connecte au domaine de Papa Legba.

Temps : La lune noire (lune décroissante) est le meilleur moment pour un tel sort, car elle est associée au secret, aux fins et au bannissement. Alternativement, le mardi ou le samedi seraient également des jours appropriés pour des périodes liées à des conflits ou à des commérages.

Incantation (en Français et en créole haïtien) :

Version Française :

« Papa Legba, gardien des portes, je t'appelle à ouvrir les chemins pour que les chuchotements et les rumeurs se répandent autour de [Nom]. Que leur réputation soit ternie, que leur nom soit prononcé dans la négativité, et que leurs paroles tombent dans l'oreille d'un sourd. Que les gens bavardent à leur sujet et que l'on raconte des mensonges sur leur caractère. Papa Legba, guide les langues de ceux qui entourent [Nom] pour qu'ils disent du mal d'eux. Que leur confiance soit brisée et que leur image soit diminuée. C'est ainsi que c'est fait.

Langue maternelle (créole haïtien) :

"Papa Legba, gad pòt kwen wout la, mwen rele sou ou pou louvri chemen pou chichot ak rimè sou

[Nom]. Se pou repitasyon yo sal, se pou non yo pale nan negatif, e pou pawòl yo tonbe sou zòrèy ki pa tande. Se pou moun pale sou yo, e se pou manti di sou karaktè yo. Papa Legba, gide lang moun alantou [Nom] pou pàle mal de yo. Se pou konfyans yo kraze e imaj yo diminye. Se konsa li fèt."

Réalisation :

Préparez votre espace en allumant la bougie noire. Concentrez-vous sur votre intention de répandre des rumeurs et de créer de la confusion autour de la personne.

Placez la photo ou l'objet de la personne devant la bougie. Cela les représente et relie leur énergie au sort.

Écrivez le nom de la personne sur la feuille de papier et décrivez les rumeurs que vous souhaitez répandre (p. ex., « Je veux que les gens voient [Nom] comme malhonnête et indigne de confiance »).

Épinglez l'aiguille ou épinglez le papier avec leur nom, symbolisant le « perçage » de leur réputation. Ce faisant, visualisez l'image de la personne en train d'être ternie.

Placez le miroir devant la photo ou l'objet, symbolisant le reflet de son image. Visualisez le reflet en train de se déformer, car leur réputation est entachée de fausses rumeurs et de mensonges.

Saupoudrez de sel sur le papier en disant : « Que leur réputation s'aigrit, que leurs paroles tombent dans l'oreille d'un sourd. »

Verse le rhum dans le bol en offrande à Papa Legba en disant : « Papa Legba, je t'offre ceci pour

répandre des chuchotements sur [Nom]. Que leur nom soit terni et que leur réputation soit détruite.
Versez l'eau dans le bol, symbolisant la propagation des commérages. Visualisez l'eau qui s'écoule, emportant les rumeurs avec elle, atteignant d'autres personnes qui diront du mal de la personne.
Récitez l'incantation (en Français et en créole) trois fois, en vous concentrant sur l'image de la personne entourée de commérages, de sa réputation chancelante et de mots négatifs prononcés à son sujet.
Visualisez les rumeurs qui s'enracinent dans l'esprit des autres, se propagent rapidement et affectent la réputation de la personne de manière significative.
Éteignez la bougie (ne la soufflez pas) pour sceller le sort et symboliser la fin du rituel.
Conclusion:

Après le rituel, jetez les matériaux (photo, papier, aiguille, etc.) loin de votre maison, idéalement à un carrefour, pour vous assurer que l'énergie circule librement loin de vous.

Le mot de la fin :

« Papa Legba, merci de votre aide pour répandre ces chuchotements. Que la réputation de [Nom] soit entachée et que ses paroles soient considérées comme des mensonges. C'est ainsi que c'est fait.

Sort pour influencer quelqu'un vers l'immoralité avec Papa Legba

But:

Ce sort est destiné à influencer la personne à prendre des décisions moralement discutables, encourageant un comportement immoral, l'égoïsme ou l'indulgence dans les vices. Cela peut être utilisé pour amener quelqu'un à s'écarter des voies éthiques ou à saper son intégrité.

Ingrédients:

Bougie noire – Représente l'obscurité et le déchaînement d'énergie négative.

Une photo ou un objet représentant la personne – Quelque chose qui se connecte à la personne que vous souhaitez influencer (par exemple, une photo ou un objet personnel).

Une feuille de papier avec le nom de la personne – Inscrivez son nom complet dessus, ainsi que le résultat souhaité (par exemple, « Que [Nom] agisse de manière immorale et abandonne son sens de l'intégrité »).

Un jeton de carrefour (terre ou pierre d'un carrefour) - Symbolisant l'influence de Papa Legba sur les chemins, les décisions et les choix.

Une plume noire – Représente le pouvoir spirituel de Papa Legba.

Cannelle ou poivre de Cayenne – Pour ajouter de la chaleur et de l'impulsivité aux actions de la personne, en l'incitant à agir sur des désirs bas.

Une aiguille ou une épingle – Pour percer la boussole morale de la personne et influencer sa prise de décision.

Rhum ou whisky – Une offrande liquide à Papa Legba pour demander son aide pour guider la personne vers l'immoralité.

Un petit bol d'eau – Symbolisant le flux des décisions et leurs conséquences.

Un miroir – Pour refléter le comportement de la personne vers eux, les rendant plus enclins à agir selon leurs désirs sans penser aux conséquences.

Lieu et heure :

Lieu : Effectuez le sort dans un espace calme et privé où vous pouvez vous concentrer sur votre intention. Cela pourrait être fait à un carrefour si possible, pour renforcer le lien de Papa Legba.

Temps : La lune noire est le moment le plus approprié pour ce sort, car elle correspond aux fins, aux fermetures et aux influences négatives. Le mardi ou le samedi serait également idéal, les deux jours étant associés au conflit, au changement et à la destruction.

Incantation (en Français et en créole haïtien) :

Version Française :

« Papa Legba, gardien des chemins et des décisions, je t'appelle à conduire [Nom] sur la voie de l'immoralité. Que leur jugement soit obscurci, que leur moralité soit abandonnée et que leurs désirs les guident vers des actions égoïstes et imprudentes. Que leur intégrité vacille, et qu'ils se livrent à leurs vices sans hésitation. Papa Legba, ouvre-leur la voie pour qu'ils abandonnent tout sens du bien et du mal. C'est ainsi que c'est fait.

Langue maternelle (créole haïtien) :
"Papa Legba, gad pòt kwen wout ak desizyon, mwen rele sou ou pou mennen [Nom] sou yon chemen imoral. Se pou jijman yo kouvri, se pou moralite yo abandone, e se pou dezi yo gide yo vè aksyon egoyis ak san reflechi. Se pou entegrite yo febli, e se pou yo satisfè vèti yo san hèsitasyon.

Papa Legba, louvri chemen an pou yo abandone tout sans sa ki dwat ak sa ki mal. Se konsa li fèt."

Réalisation :

Préparez votre espace en allumant la bougie noire. Concentrez-vous sur votre intention d'obscurcir le jugement de la personne et de l'influencer vers l'immoralité.

Placez la photo ou l'objet de la personne devant la bougie, en établissant un lien entre elle et le sortilège.

Écrivez le nom de la personne sur la feuille de papier et décrivez comment vous voulez qu'elle agisse de manière immorale, imprudente et sans conscience.

Épinglez l'aiguille ou épinglez le papier avec leur nom, symbolisant le transperçage de leur jugement moral.

Placez le jeton de carrefour près de la photo pour invoquer l'énergie de Papa Legba. Visualisez la personne debout à la croisée des chemins, prenant des décisions qui la conduisent sur un chemin d'indulgence et d'immoralité.

Saupoudrez de cannelle ou de poivre de Cayenne sur le papier ou la photo pour symboliser les désirs impulsifs et ardents qui guident leurs actions.

Versez du rhum ou du whisky dans le bol en guise d'offrande à Papa Legba en disant : « Papa Legba, merci de guider ce chemin. Que [Nom] soit influencé par ses désirs et abandonne son sens du bien et du mal.

Placez le miroir devant la photo, symbolisant le reflet de leurs propres actions vers eux. Visualisez-les se concentrer davantage sur la satisfaction de leurs propres désirs.

Récitez l'incantation (en Français et en créole) trois fois avec intention. Pendant que vous chantez, imaginez que les limites morales de la personne s'affaiblissent et que son désir d'actes égoïstes augmente.

Visualisez le chemin de l'immoralité devant eux, voyez-les y parcourir sans hésitation, poussés par l'impulsion et l'indulgence.

Éteignez la bougie pour symboliser le scellement du sort et la direction de leurs choix influencée.

Conclusion:

Après le rituel, jetez les matériaux (photo, papier, etc.) loin de chez vous, idéalement à un carrefour, afin que l'énergie négative soit envoyée loin de vous.

Le mot de la fin :

« Papa Legba, merci pour votre aide. [Nom] va maintenant suivre un chemin d'immoralité et abandonner sa boussole morale. C'est ainsi que c'est fait.

Sortilège pour rendre quelqu'un seul avec Papa Legba

But:

Ce sort vise à isoler la personne que vous désirez des autres, la faisant se sentir seule et déconnectée, ce qui peut influencer ses relations et ses interactions sociales.

Ingrédients:

Bougie noire – Représente la séparation, l'isolement et l'obscurité.

Une photo ou un objet représentant la personne – Un lien personnel avec la personne que vous souhaitez isoler (par exemple, une photo ou un objet personnel).

Une feuille de papier avec le nom de la personne – Écrivez son nom complet et le résultat souhaité (p. ex., « Que [Nom] soit isolé et seul, déconnecté des autres »).

Un jeton de carrefour (terre ou pierre d'un carrefour) – Pour invoquer l'influence de Papa Legba sur les chemins et les choix.

Une plume noire – Représente le pouvoir et l'influence spirituelle de Papa Legba.

Une épingle ou une aiguille – Pour « percer » les liens entre la personne et les autres, en coupant les liens.

Sel – Symbolise la distance, la séparation et l'isolement.

Un petit bol d'eau – Pour symboliser la distance émotionnelle et la séparation émotionnelle entre la personne et les autres.

Un morceau de tissu ou un ruban noir – Pour lier et sceller l'isolement.

Rhum ou whisky – Offrir à Papa Legba son aide.

Lieu et heure :

Lieu : Le rituel doit être effectué dans un espace privé, idéalement près d'un carrefour ou à un endroit où les chemins convergent et divergent, car Papa Legba régit les croisements de la vie.

Temps : La lune noire (lune décroissante) est idéale pour ce sort, car c'est une période de fins, de séparation et de bannissement. Le mardi ou le samedi sont également des jours propices aux périodes qui cherchent à provoquer la séparation et l'isolement.

Incantation (en Français et en créole haïtien) :

Version Française :

« Papa Legba, gardien du carrefour, je t'appelle à rompre les liens entre [Nom] et ceux qui l'entourent. Laissez-les marcher seuls, abandonnés, sans liens avec personne. Que leurs relations s'estompent et que leur vie sociale s'étiole. Papa Legba, ouvre le chemin de l'isolement pour [Nom], afin qu'ils ressentent le poids de la solitude et de la séparation. C'est ainsi que c'est fait.

Langue maternelle (créole haïtien) :
"Papa Legba, gad pòt kwen wout, mwen rele sou ou pou separe [Nom] ak moun ki bò yo. Se pou yo mache pou kont yo, abandone, san koneksyon ak okenn moun. Se pou relasyon yo fennen, e lavi sosyal yo cheche. Papa Legba, louvri chemen izolasyon an pou [Nom], pou yo ka santi pwa solitid ak separasyon. Se konsa li fèt."

Réalisation :
Préparez votre espace en allumant la bougie noire. Concentrez-vous sur la personne et votre intention de créer une séparation entre elle et ses cercles sociaux.
Placez la photo ou l'objet de la personne devant la bougie. Établissez une connexion avec l'énergie de la personne.

Écrivez le nom de la personne sur la feuille de papier et indiquez le résultat précis (p. ex., « Que [Nom] puisse marcher seul, déconnecté des autres »).

Épinglez l'aiguille ou épinglez le papier avec leur nom, symbolisant la rupture de leurs liens et de leurs relations.

Placez le jeton de carrefour près de la photo, en visualisant la personne debout à un carrefour, où tous les chemins mènent à l'isolement et à la séparation.

Saupoudrez le papier de sel en disant : « Puisse la distance grandir entre [Nom] et les autres. »

Versez du rhum ou du whisky dans le bol en guise d'offrande à Papa Legba, en disant : « Papa Legba, merci de votre aide pour guider ce chemin de solitude pour [Nom]. »

Placez le tissu ou le ruban noir sur le papier, symbolisant le lien entre les liens sociaux de la personne. Attachez le ruban ou le chiffon pour représenter l'étanchéité de leur isolement.

Versez de l'eau dans le bol pour représenter la séparation émotionnelle entre la personne et les autres, en visualisant leurs relations qui se séparent et deviennent distantes.

Récitez le incantation (en Français et en créole) trois fois avec une concentration et une intention profondes. Pendant que vous chantez, visualisez la personne devenir de plus en plus isolée, ses liens avec les autres se rompant.

Visualisez l'isolement : imaginez la personne marchant seule, ses relations s'estompant et le poids de la solitude qui l'entoure.

Éteignez la bougie pour symboliser l'achèvement du sort et le scellement de l'isolement.

Conclusion:

Après le rituel, jetez les matériaux (photo, papier, aiguille, ruban) loin de votre maison, idéalement à un carrefour, pour vous assurer que l'énergie est envoyée loin de vous et ne s'attarde pas.

Le mot de la fin :

« Papa Legba, merci pour votre aide. [Nom] marchera désormais seul, séparé des autres et perdu dans la solitude. C'est ainsi que c'est fait.

Sort pour faire taire un bavard à l'aide de Papa Legba

But:

Pour faire taire temporairement la voix d'une personne ou l'empêcher de parler excessivement, tout en influençant sa communication pour qu'elle soit plus restreinte ou limitée.

Ingrédients:

Bougie noire – Représente le silence, la fermeture et la mise en sourdine de la parole.

Une feuille de papier avec le nom de la personne – Écrivez son nom complet dessus.

Une plume noire – Un symbole de l'énergie de Papa Legba, liée à la parole et à la communication.

Un morceau de tissu ou un ruban noir – Pour attacher symboliquement la capacité de la personne à parler librement.

Un petit bol d'eau – Pour représenter le calme et la tranquillité dans la communication.

Une aiguille ou une épingle – Pour « percer » leur capacité à parler excessivement.

Le poivre de Cayenne ou la cannelle – Pour ajouter de la chaleur et de la force au silence, en poussant l'énergie à agir.

Rhum ou whisky – À offrir à Papa Legba, en demandant son intervention.

Un miroir – Pour leur renvoyer leurs paroles et symboliser l'apaisement de leur discours.

Lieu et heure :

Lieu : Un espace privé et calme où vous pouvez vous concentrer sans distractions. Idéalement, faites-le près d'un carrefour ou d'un lieu de transition, car Papa Legba régit les chemins et change.

Temps : La lune noire (lune décroissante) est idéale pour ce genre de sort, car c'est le temps des fins et de l'apaisement des choses. Vous pouvez également envisager le mardi ou le samedi, qui sont associés au conflit, à la restriction et au pouvoir.

Incantation (en Français et en créole haïtien) :

Version Française :

« Papa Legba, gardien des portes, je t'appelle à faire taire la voix de [Nom]. Que leurs paroles tombent muettes, que leurs bavardages se taisent. Que leur parole soit contenue, et que leur bouche soit fermée, puisqu'ils ne parlent plus. Papa Legba, ferme le chemin de leurs conversations sans fin. C'est ainsi que c'est fait.

Langue maternelle (créole haïtien) :

"Papa Legba, gad pòt kwen, mwen rele sou ou pou fè bouch [Nom] fèmen. Se pou pawòl yo tonbe san son, pale yo sispann. Se pou yo pale pi piti, e bouch yo fèmen, konsa yo p ap pale ankò. Papa Legba, fèmen chemen pale san fen sa a. Se konsa li fèt."

Réalisation :

Préparez votre espace en allumant la bougie noire, en vous concentrant sur votre intention de faire taire la personne.

Placez le papier avec leur nom devant la bougie. C'est là que l'énergie du sort sera dirigée.

Épinglez l'aiguille ou épinglez à travers le papier avec leur nom pour représenter le « perçage » de leur capacité à parler librement et excessivement.

Placez la plume noire à côté du papier, en invoquant l'influence de Papa Legba sur la parole.

Saupoudrez du poivre de Cayenne ou de la cannelle sur le papier pour augmenter l'intensité et l'urgence du sort, en les exhortant à se taire.

Verse le rhum ou le whisky dans le bol en offrande à Papa Legba en disant : « Papa Legba, merci de ton aide pour calmer le discours de [Nom]. Que leurs paroles soient mises en sourdine, que leurs bavardages soient étouffés.

Placez le tissu ou le ruban noir sur le papier, symbolisant le fait qu'ils attachent ou restreignent leur capacité à parler excessivement.

Placez le miroir en face du nom de la personne. Cela reflète leurs paroles, symbolisant la fermeture de leur bouche et le silence de leur voix.

Versez l'eau dans le bol pour représenter l'immobilité et la tranquillité que vous souhaitez apporter à leur discours. Visualisez leur voix devenir plus douce, plus silencieuse ou même entièrement silencieuse.

Récitez l'incantation (en Français et en créole) trois fois, en vous concentrant sur le silence de la parole de la personne. Pendant que vous chantez, imaginez-les se taire, leurs mots perdre de leur pouvoir et leur communication s'estomper dans le silence.

Visualisez le résultat : voyez la bouche de la personne se fermer, ses conversations sans fin prendre fin brusquement, ses mots se coincer à l'intérieur.

Éteignez la bougie pour symboliser l'achèvement du sort, scellant le silence sur eux.

Conclusion:

Après le rituel, jetez les matériaux (photo, papier, tissu, etc.) loin de votre maison, idéalement à un carrefour, en veillant à ce que l'énergie silencieuse quitte votre espace.

Le mot de la fin :

« Papa Legba, merci pour tes conseils. [Nom] va maintenant se taire, leurs mots étant retenus. C'est ainsi que c'est fait.

Sort pour gagner le respect de Papa Legba

But:

Pour invoquer le pouvoir de Papa Legba pour ouvrir des voies de respect, d'honneur et de reconnaissance de la part des autres. Ce sort vous aidera à vous affirmer dans vos relations, votre lieu de travail ou tout autre domaine où vous cherchez à être traité avec dignité et respect.

Ingrédients:

Bougie jaune – Représente le pouvoir, l'autorité et la clarté.

Une photo ou un objet vous représentant – Il peut s'agir d'une photographie ou d'un objet qui symbolise votre énergie personnelle.

Une feuille de papier sur laquelle est écrit votre nom – Écrivez votre nom complet et ajoutez le résultat souhaité (par exemple, « Puissé-je être respecté et honoré par ceux qui m'entourent »).

Un jeton de carrefour (terre ou pierre d'un carrefour) – Pour invoquer l'influence de Papa Legba sur les chemins et l'ouverture d'opportunités.

Une plume blanche – Symbolisant la sagesse, l'autorité et l'esprit de Papa Legba.

Un petit bol d'eau – Représente la clarté et la purification de votre énergie.

Une pièce d'or ou de laiton – Symbolisant la richesse, la force et la valeur pour laquelle vous cherchez à être reconnu.

Cannelle ou feuilles de laurier – Pour ajouter de la force et de l'autonomisation au sortilège.

Rhum ou whisky – Offrir à Papa Legba son aide.

Un miroir – Pour refléter le respect que vous voulez que les autres vous accordent.

Lieu et heure :

Lieu : Effectuez ce rituel dans un espace privé où vous vous sentez à l'aise et capable de vous concentrer. Idéalement, cela peut être fait près d'un carrefour si possible, ou dans un espace qui se sent connecté à l'énergie spirituelle.

Temps : La lune croissante (lune croissante) est idéale pour ce sort, car elle représente la croissance, les nouveaux départs et l'autonomisation. Le mercredi ou le jeudi serait bénéfique, car ce sont des jours associés à la communication, à la connaissance et au respect.

Incantation (en Français et en créole haïtien) :

Version Française :

« Papa Legba, gardien des carrefours et des portes ouvertes, je t'appelle à me guider sur le chemin du respect et de l'honneur. Que mes paroles soient entendues et que mes actions soient reconnues. Que ceux que je rencontre reconnaissent ma valeur et qu'ils me traitent avec le respect que je mérite. Papa Legba, ouvre la voie pour que mon pouvoir soit respecté et que ma présence soit honorée. C'est ainsi que c'est fait.

Langue maternelle (créole haïtien) :

"Papa Legba, gad pòt kwen ak pòt ouvè yo, mwen rele sou ou pou gide m nan chemen respè ak onè. Se pou pawòl mwen tande e aksyon mwen rekonèt. Se pou moun mwen rankontre rekonèt valè mwen, e se pou yo trete m ak respè mwen merite. Papa Legba, louvri chemen pou fòs mwen ka respekte ak prezans mwen ka onore. Se konsa li fèt."

Réalisation :

Préparez votre espace en allumant la bougie jaune. Concentrez-vous sur votre intention d'appeler le respect et l'honneur dans votre vie.

Placez votre photo ou votre objet personnel devant la bougie. Visualisez-vous rayonnant de confiance et de dignité.

Écrivez votre nom sur la feuille de papier, en indiquant le résultat souhaité (par exemple, «

Puissé-je être respecté et traité avec honneur par tous »).

Placez le jeton de carrefour près de la bougie pour invoquer l'influence de Papa Legba sur les chemins et les portes.

Placez la plume blanche à côté de la photo, symbolisant la sagesse et les conseils de Papa Legba.

Versez le rhum ou le whisky dans le bol en guise d'offrande à Papa Legba en disant : « Papa Legba, merci de m'avoir guidé et de m'avoir ouvert la voie au respect et à l'honneur. »

Saupoudrez de cannelle ou de feuilles de laurier sur le papier, appelant à l'autonomisation, à la force et à la reconnaissance.

Placez l'or ou le laiton près du papier, représentant votre valeur et le respect que vous cherchez à recevoir.

Versez l'eau dans le bol, en visualisant la purification et la clarification de votre énergie. Voyez votre estime de soi et votre respect grandir.

Récitez l'incantation (en Français et en créole) trois fois, en vous concentrant sur votre intention de gagner le respect des autres. Pendant que vous chantez, visualisez-vous entouré de respect, d'admiration et d'honneur.

Visualisez l'ouverture de votre chemin : Imaginez-vous en train de marcher sur un chemin clair où les autres voient votre valeur et vous traitent avec le respect que vous méritez.

Regardez-vous dans le miroir pendant que vous visualisez le respect que vous voulez recevoir qui vous est renvoyé. Voyez votre confiance, votre autorité et votre dignité briller.

Éteignez la bougie pour symboliser le scellement du respect que vous appelez dans votre vie.

Conclusion:

Après le rituel, jetez les matériaux (photo, papier, objets) loin de chez vous, idéalement à un carrefour ou dans un endroit qui semble spirituellement significatif.

Le mot de la fin :

« Papa Legba, merci pour tes conseils. Je marche maintenant sur un chemin de respect, d'honneur et de reconnaissance. C'est ainsi que c'est fait.

Sortilège pour détruire la confiance d'un ennemi avec Papa Legba

But:

Détruire ou affaiblir la confiance d'un ennemi, l'amenant à douter de lui-même, de ses capacités et de son estime de soi.

Ingrédients:

Bougie noire – Représente la destruction, l'obscurité et l'énergie négative.

Une photo ou un objet personnel de l'ennemi – Il s'agit du lien avec l'individu.

Une feuille de papier avec le nom de l'ennemi – Écrivez son nom complet et le résultat souhaité (par exemple, « Puisse [Nom] perdre toute confiance et croyance en lui-même »).

Une plume noire – Un symbole de l'influence de Papa Legba sur la communication et l'ouverture ou la fermeture des chemins.

Une aiguille ou une épingle – Utilisée pour percer ou « affaiblir » leur confiance en soi.

Sel – Pour symboliser le bannissement de leur confiance et de leur estime de soi.

Un morceau de tissu ou un ruban noir – Pour lier leur confiance et restreindre leur estime de soi.

Poivre de Cayenne – Pour ajouter une énergie vive et brûlante au sort, ce qui affaiblit leur confiance.

Rhum ou whisky – À offrir à Papa Legba pour son aide.

Un miroir – Pour leur renvoyer l'image brisée de leur confiance.

Lieu et heure :

Lieu : Effectuez ce rituel dans un espace privé, idéalement où vous pouvez vous concentrer sans distractions. Idéalement, si possible, vous devriez travailler près d'un carrefour, un endroit où les chemins se croisent et où les décisions sont prises, en invoquant l'influence de Papa Legba.

Temps : La lune décroissante (lune noire) est le meilleur moment pour effectuer des sorts destructeurs ou de bannissement. Le mardi ou le samedi sont également de bons jours pour travailler sur les sorts qui affaiblissent, perturbent ou bannissent.

Incantation (en Français et en créole haïtien) :

Version Française :

« Papa Legba, gardien du carrefour, je t'appelle à fermer le chemin de la confiance pour [Nom]. Que leur confiance en eux s'effondre et que leur force faiblisse. Que leur esprit soit rempli de doutes et que leur confiance se brise comme du verre. Papa Legba, proche de leur pouvoir. C'est ainsi que c'est fait.

Langue maternelle (créole haïtien) :

"Papa Legba, gad pòt kwen, mwen rele sou ou pou fèmen chemen konfyans [Nom]. Se pou kwayans yo tonbe, e fòs yo fèb. Se pou tèt yo plen dout, e konfyans yo kraze tankou vè. Papa Legba, fèmen chemen pouvwa yo. Se konsa li fèt."

Réalisation :

Préparez votre espace en allumant la bougie noire. Concentrez-vous sur votre intention d'affaiblir la confiance et le sens de soi de l'ennemi.

Placez la photo ou l'objet personnel de l'ennemi devant la bougie. Ceci est votre lien vers eux.

Écrivez leur nom sur la feuille de papier et énoncez le résultat souhaité (p. ex., « Puisse [Nom] perdre toute confiance et croyance en lui-même »).

Épinglez l'aiguille ou épinglez à travers le papier, symbolisant le fait qu'ils perdent confiance et assurance.

Saupoudrez du poivre de Cayenne sur le papier, représentant la netteté et l'énergie affaiblissante que vous voulez leur infliger.

Placez la plume noire à côté du papier, symbolisant le rôle de Papa Legba dans leur chemin de confiance et de communication.

Saupoudrez de sel sur le papier pour bannir leur confiance, ce qui le fait s'effriter.

Attachez le tissu ou le ruban autour du papier, liant leur confiance et bloquant leur estime de soi.

Verse du rhum ou du whisky dans le bol en guise d'offrande à Papa Legba, en disant : « Papa Legba, merci de ton aide pour affaiblir la confiance de [Nom]. »

Regardez-vous dans le miroir et visualisez leur confiance en eux-mêmes qui s'effondre, leur sentiment d'être eux-mêmes qui s'estompe et leur force qui diminue. Imaginez-les pleins de doute et d'insécurité.

Récitez l'incantation (en Français et en créole) trois fois. Pendant que vous chantez, visualisez la confiance de l'ennemi qui s'effrite, son doute grandit et sa capacité à tenir bon est détruite.

Éteignez la bougie pour sceller le sortilège, symbolisant la fin de leur confiance.

Conclusion:

Après le rituel, jetez les matériaux (photo, papier, objets) loin de chez vous, idéalement à un carrefour ou dans un endroit qui emportera l'énergie loin de vous.

Le mot de la fin :

« Papa Legba, merci pour ton aide. [Nom] est maintenant faible d'esprit, la confiance a été brisée et son chemin bloqué. C'est ainsi que c'est fait.

Sort de Protection contre la Magie Noire avec Papa Legba

But:

Pour invoquer la protection de Papa Legba et bloquer toute magie noire, malédiction ou force négative qui vous est dirigée. Le sort vise à fermer les chemins nuisibles et à vous protéger des énergies malveillantes.

Ingrédients:

Bougie blanche – Représente la pureté, la protection et la force spirituelle.

Une photo ou un objet personnel (facultatif) – Peut être utilisé pour personnaliser le sort et renforcer le lien entre vous et l'énergie protectrice.

Un morceau de papier avec votre nom – Écrit avec l'intention d'invoquer Papa Legba pour vous protéger du mal.

Carrefour, terre, pierre ou jeton – Pour symboliser la domination de Papa Legba sur les chemins et la protection.

Une plume noire – Représente la protection contre les énergies sombres ou nocives.

Un petit bol d'eau – Représente la clarté, la purification et l'apaisement de l'énergie négative.

Sel – Pour la purification et pour former une barrière protectrice.

Poivre de Cayenne ou poivre noir – Pour ajouter de la force à la protection, en repoussant les énergies nocives.

Rhum ou whisky – Une offrande à Papa Legba.

Un miroir – Pour renvoyer toute énergie négative à sa source.

Feuilles de laurier – Utilisées pour la protection spirituelle, la sagesse et pour éloigner le mal.

Lieu et heure :

Lieu : Effectuez ce rituel dans un espace calme et privé où vous pouvez vous concentrer. Si possible, faites-le près d'un carrefour, symbolisant le rôle de Papa Legba en tant que protecteur et ouvreur de chemin.

Temps : La pleine lune ou lune croissante est idéale pour les sorts de protection, car ces phases augmentent la force et la puissance. Le mardi ou le samedi peut également bien fonctionner, car ces jours sont associés à la protection et au bannissement des forces négatives.

Incantation (en Français et en créole haïtien) :

Version Française :

« Papa Legba, gardien du carrefour et protecteur des chemins, j'en appelle à ton pouvoir pour me protéger du mal. Bloquez toute magie maléfique, malédictions et forces négatives. Protégez-moi des ténèbres, et fermez le chemin à toute énergie malveillante. Que ta sagesse me guide, et que ta force me défende. C'est ainsi que c'est fait.

Langue maternelle (créole haïtien) :

"Papa Legba, gad pòt kwen ak pwotèjè chemen, mwen rele sou ou pou pwoteje m kont tout danje. Fèmen chemen majik mechan, maledi, ak fòs negatif. Pwoteje m kont fènwa, e fèmen chemen enèji mechan yo. Se pou sajès ou gide m, e fòs ou defann mwen. Se konsa li fèt."

Réalisation :

Préparez votre espace en allumant la bougie blanche. Concentrez-vous sur votre intention de protection, en vous visualisant entouré d'un puissant bouclier de lumière et de force.

Placez votre photo personnelle ou votre objet (le cas échéant) devant la bougie pour personnaliser la protection.

Écrivez votre nom sur une feuille de papier et indiquez votre intention : « Que Papa Legba me protège de toute magie noire, malédiction et énergies néfastes. »

Placez la terre, la pierre ou le jeton près de la bougie, représentant le contrôle de Papa Legba sur les chemins du destin et de la protection.

Saupoudrez de sel en cercle autour de la bougie, créant une barrière protectrice qui empêchera les énergies nocives de vous atteindre.

Placez la plume noire près de la bougie, symbolisant les conseils et la protection de Papa Legba contre les forces négatives.

Verse du rhum ou du whisky dans le bol en offrande à Papa Legba en disant : « Papa Legba, merci pour ta protection. Garde-moi du mal.

Saupoudrez du poivre de Cayenne ou du poivre noir autour de la bougie ou du papier pour renforcer la protection et éloigner les énergies malveillantes.

Placez le miroir vers l'extérieur, en réfléchissant toute énergie négative ou magie noire vers sa source. Visualisez l'énergie nocive rebondissant sur le miroir et retournant d'où elle vient.

Placez les feuilles de laurier dans le bol d'eau pour purifier et nettoyer toute négativité. Cela renforcera encore plus le bouclier protecteur autour de vous.

Récitez l'incantation (en Français et en créole) trois fois. Pendant que vous chantez, visualisez une puissante barrière autour de vous, empêchant toute magie noire ou énergie négative de vous affecter.

Concentrez-vous sur la protection de Papa Legba, en le voyant se tenir à la croisée des chemins, vous guidant et bloquant toutes les forces nuisibles de votre chemin.

Éteignez la bougie pour sceller l'énergie protectrice et empêcher toute force négative d'entrer dans votre vie.

Conclusion:

Après le rituel, jetez les matériaux (photo, papier, sel, feuilles de laurier, etc.) loin de votre maison, idéalement à un carrefour ou dans un endroit qui vous semble spirituellement significatif.

Le mot de la fin :

« Papa Legba, merci pour ta protection. Puissé-je marcher en toute sécurité, libre de mal et de négativité. C'est ainsi que c'est fait.

Le sort de la destruction du chemin : Fermer la route du succès avec Papa Legba

But:

Pour bloquer le chemin vers le succès d'un ennemi ou d'un rival, en l'empêchant d'atteindre ses objectifs en invoquant Papa Legba pour fermer ses opportunités et créer des obstacles dans sa vie.

Ingrédients:

Bougie noire – Représente le blocage et la destruction des chemins.

Une photo ou un objet personnel (facultatif) – Pour concentrer le sort sur la cible.

Sel – Pour créer une barrière protectrice et fermer le chemin.

Poivre de Cayenne – Pour ajouter de la force au sort et renforcer le pouvoir de destruction.

Carrefour, terre ou jeton – Un symbole de la domination de Papa Legba sur les carrefours et les chemins.

Un bol d'eau – Pour représenter le nettoyage de la route.

Rhum – Une offrande à Papa Legba.

Lieu et heure :

Lieu : Effectuez ce sort dans un endroit calme, idéalement près d'un carrefour ou où vous pouvez représenter symboliquement un croisement de chemins.

Temps : Une lune décroissante est idéale pour diminuer et fermer les opportunités, de préférence un samedi, ce qui est associé au bannissement et aux fins.

Incantation (en Français et en créole haïtien) :

Version Française :

« Papa Legba, je t'appelle à fermer le chemin de mon ennemi. Bloquez leur succès et empêchez-les d'avancer. Puissent leurs opportunités s'estomper et leurs objectifs rester hors de portée. Ce que j'ai demandé, c'est ce qui se fera.

Langue maternelle (créole haïtien) :

"Papa Legba, mwen rele sou ou pou fèmen chemen lènmi mwen. Bloke siksè yo e anpeche yo avanse. Se pou opòtinite yo fane e objektif yo rete sòti nan men yo. Kòm mwen te mande a, se konsa li fèt."

Réalisation :

Allumez la bougie noire en vous concentrant sur votre intention de bloquer le succès de la cible.
Placez la photo ou l'objet personnel de la cible devant la bougie.
Saupoudrez de sel en cercle autour de la bougie, symbolisant la fermeture du chemin.
Saupoudrez de poivre de Cayenne autour du cercle de sel pour renforcer le blocus.

Offrez du rhum à Papa Legba en disant : « Papa Legba, protège mon chemin et bloque celui de l'ennemi. »

Placez la terre du carrefour près de la bougie, symbolisant l'autorité de Papa Legba sur les chemins.

Récitez l'incantation trois fois, en visualisant le chemin de la cible qui se bloque, ses objectifs s'éloignent.

Éteignez la bougie pour sceller le sort.

Conclusion:

Ce sort invoque le pouvoir de Papa Legba pour bloquer et fermer les chemins, garantissant que votre rival ou ennemi reste coincé dans ses efforts. Leur route vers le succès sera fermée et leur progrès entravé. Utilisez ce sort avec prudence, car la fermeture des chemins peut avoir des conséquences pour vous et pour la cible.

La malédiction de la communication : rompre les liens de connexion avec Papa Legba

But:

Perturber et rompre la communication entre la cible et les autres, en créant des malentendus et de l'isolement grâce à l'influence de Papa Legba.

Ingrédients:

Bougie noire – Pour symboliser la rupture des liens.
Une photo ou un objet personnel de la cible.
Ficelle ou fil rouge – Représente les liens qui lient les gens.

Vinaigre – Pour aigrir la communication et les relations.

Carrefour de terre – Représente l'autorité de Papa Legba sur les chemins et les communications.

Un couteau ou des ciseaux – Pour représenter la coupe des liens.

Rhum – Offrande à Papa Legba.

Lieu et heure :

Lieu : Effectuez le rituel dans un espace privé où vous pouvez vous concentrer et vous concentrer sur la cible.

Temps : Pleine lune ou lune décroissante pour affaiblir et rompre les liens. Idéal un mardi, car c'est une journée d'action et de changement.

Incantation (en Français et en créole haïtien) :

Version Française :

« Papa Legba, j'en appelle à ton pouvoir de rompre les liens de communication. Que les mots se perdent, que les messages ne soient pas clairs et que les liens soient rompus. Fermez la voie pour qu'ils puissent parler, et isolez-les dans le silence.

Langue maternelle (créole haïtien) :

"Papa Legba, mwen rele sou pouvwa ou pou koupe lyen kominikasyon yo. Se pou mo yo pèdi, mesaj yo vin anbige, e relasyon yo kase. Fèmen chemen pou yo pale, e izole yo nan silans.

Réalisation :

Allumez la bougie noire et concentrez-vous sur la cible.

Coupez la ficelle rouge en morceaux, représentant la rupture des connexions.

Trempez les morceaux de ficelle dans du vinaigre pour aigrir la relation.

Saupoudrez la terre du carrefour près de la bougie pour invoquer l'autorité de Papa Legba sur les connexions.

Offrez du rhum à Papa Legba en disant : « Papa Legba, romps les liens de communication. »

Utilisez le couteau ou les ciseaux pour couper symboliquement la ficelle pendant que vous récitez l'incantation trois fois.

Éteignez la bougie en vous assurant que les connexions sont coupées.

Conclusion:

Ce sort coupe efficacement la communication entre la cible et son réseau. Leur capacité à se connecter avec les autres sera altérée, les laissant isolés et incapables de communiquer efficacement. Comme toujours, utilisez ce pouvoir à bon escient, car perturber la communication peut avoir des impacts durables.

Le sort de destruction de la confiance : affaiblir l'esprit avec Papa Legba

But:

Pour détruire la confiance d'un ennemi ou d'un rival, le faisant douter d'eux-mêmes et perdre leur détermination, en utilisant la magie noire de Papa Legba pour déstabiliser leur force mentale.

Ingrédients:

Bougie noire – Représente la destruction de la confiance.

Une photo ou un objet personnel de la cible.

Sel – Utilisé pour la purification et pour neutraliser l'énergie positive.

Poivre de Cayenne – Pour intensifier la perte de confiance et l'inconfort mental.

Un miroir – Reflète l'énergie de la faiblesse.

Carrefour – Un symbole du pouvoir de Papa Legba de modifier les chemins mentaux.

Rhum – Offrande à Papa Legba.

Lieu et heure :

Lieu : Un espace privé et calme où vous pouvez vous concentrer entièrement sur l'état mental de la cible.

Temps : Lune décroissante, car c'est un moment pour diminuer et réduire. Se produire un vendredi, ce qui est souvent associé à des questions interpersonnelles.

Incantation (en Français et en créole haïtien) :

Version Française :
« Papa Legba, j'en appelle à ton pouvoir pour détruire leur confiance. Que le doute obscurcisse leur esprit et affaiblisse leur esprit. En se remettant en question, ils tomberont dans le désespoir. C'est ainsi que c'est fait.

Langue maternelle (créole haïtien) :
"Papa Legba, mwen rele sou pouvwa ou pou detwi konfyans yo. Se pou dout kouvri lespri yo e fèm nan

nanm yo. Pandan yo ap kesyone tèt yo, yo pral tonbe nan dezespwa. Se konsa li fèt."

Réalisation :

Allumez la bougie noire et concentrez-vous sur l'image de la cible.
Saupoudrez de sel autour de la bougie pour neutraliser l'énergie positive et préparer l'espace.
Placez le miroir devant la bougie, en réfléchissant l'image de la cible.
Saupoudrez de poivre de Cayenne sur le miroir pour intensifier l'effet.
Offrez du rhum à Papa Legba en disant : « Papa Legba, détruis leur confiance. »
Récitez l'incantation trois fois, en visualisant la cible qui perd confiance et force.

Éteignez la bougie, scellant ainsi la destruction de leur confiance.

Conclusion:

Avec l'influence de Papa Legba, ce sort affaiblit le sens de soi et la confiance de la cible. Le doute remplacera leur assurance, les faisant vaciller et lutter dans leurs efforts. Cependant, l'exercice de ce pouvoir nécessite de la prudence, car affaiblir l'esprit d'une personne peut avoir des conséquences durables sur sa vie et sur la vôtre.

L'enchantement de l'isolement : le bannissement dans la solitude avec Papa Legba

But:

Isoler la cible, la couper de ses cercles sociaux et de ses réseaux de soutien, la laisser seule et vulnérable en invoquant la magie noire de Papa Legba.

Ingrédients:

Bougie noire – Représente l'isolement de la cible.

Un objet personnel ou une photo de la cible.

Un morceau de tissu noir – Pour symboliser l'obscurité de la solitude.

Carrefour, terre – Pour invoquer le pouvoir d'isolement et de bannissement de Papa Legba.

Sel – Pour la protection et la purification de votre propre espace.

Rhum – Offrande à Papa Legba.

Lieu et heure :

Lieu : Un espace privé et calme où vous ne serez pas dérangé.

Heure : Nouvelle lune ou lune décroissante pour imposer l'isolement et le bannissement. Le samedi est également idéal pour bannir les forces négatives.
Incantation (en Français et en créole haïtien) :

Version Française :
« Papa Legba, j'en appelle à ton pouvoir d'isoler cette personne. Qu'ils soient coupés de leurs amis et de leur famille, qu'ils soient laissés dans l'obscurité et la solitude. Puissent-ils marcher sur le chemin de la solitude. C'est ainsi que c'est fait.

Langue maternelle (créole haïtien) :
"Papa Legba, mwen rele sou pouvwa ou pou izole moun sa a. Se pou yo koupe de zanmi ak fanmi, kite nan fènwa ak solitid. Se pou yo mache sou chemen solitid. Se konsa li fèt."

Réalisation :

Allumez la bougie noire et concentrez-vous sur la cible, en l'imaginant seule et isolée.

Placez le tissu noir autour de la bougie, symbolisant leur isolement.

Saupoudrez de terre de carrefour près de la bougie pour invoquer le pouvoir de Papa Legba.

Offrez du rhum à Papa Legba en disant : « Papa Legba, isole-toi et bannis-les dans la solitude. »

Récitez l'incantation trois fois tout en visualisant la cible marchant sur le chemin de la solitude.

Éteignez la bougie en vous assurant que le sort d'isolement est scellé.

Conclusion:

Ce sort force la cible à s'isoler, la coupant de son soutien social et la laissant vulnérable. L'utilisation de la magie de Papa Legba garantit qu'ils resteront seuls, incapables de trouver du réconfort ou de l'aide. L'isolement est une force puissante, et son utilisation doit être faite avec soin et prudence.

La malédiction de l'obsession : contrôlez l'esprit avec le pouvoir obscur de Papa Legba

But:

Pour manipuler l'esprit de la cible, créant une obsession qui contrôle ses pensées et ses actions. Ce sort de magie noire utilise l'influence de Papa Legba pour diriger l'énergie mentale de la cible vers une obsession spécifique.

Ingrédients:

Bougie noire – Représente l'obsession et le contrôle de l'esprit.

Une photo ou un objet personnel de la cible.

Chaîne rouge – Pour symboliser la connexion avec l'esprit de la cible.

Poivre de Cayenne – Pour intensifier l'obsession.

Carrefour de terre – Représente le contrôle de Papa Legba sur les chemins de l'esprit.

Rhum – Offrande à Papa Legba.

Lieu et heure :

Lieu : Un espace privé où vous pouvez vous concentrer pleinement.

Temps : Pleine lune ou lune décroissante pour intensifier l'obsession et la manipulation. Le mardi fonctionne bien pour l'influence mentale.

Incantation (en Français et en créole haïtien) :

Version Française :
« Papa Legba, je t'appelle à entrer dans leur esprit et à tordre leurs pensées. Rendez-les obsédés par cette pensée, incapables de penser à autre chose. Si vous contrôlez leur esprit, ils suivront votre volonté.

Langue maternelle (créole haïtien) :
"Papa Legba, mwen rele sou ou pou antre nan lespri yo e tounen panse yo. Fè yo vin obsede avèk sa a, pa kapab panse a anyen lòt bagay. Pandan ou kontwole lespri yo, yo pral swiv volonte ou."

Réalisation :

Allumez la bougie noire en vous concentrant sur la cible et son esprit.

Attachez le cordon rouge autour de la photo ou de l'objet personnel, symbolisant le lien avec leurs pensées.

Saupoudrez de poivre de Cayenne sur la ficelle pour amplifier l'obsession.

Offrez du rhum à Papa Legba en disant : « Papa Legba, contrôle leur esprit et rends-les obsédés. »

Récitez l'incantation trois fois, en visualisant la cible consumée par l'obsession.

Éteignez la bougie pour sceller l'obsession.

Conclusion

Papa Legba est un loa complexe et aux multiples facettes, un gardien de la croisée des chemins et une figure clé à la fois dans la protection spirituelle et la manipulation des forces obscures. En tant que gardien entre les royaumes, il exerce un pouvoir incroyable pour ouvrir des portes d'opportunités, mais aussi pour bloquer et fermer des chemins avec la même puissance. Sa magie noire est une force qui force le respect, car c'est un outil puissant qui peut façonner les destins, influencer les esprits et perturber le flux d'énergie de manière à la fois subtile et dramatique.

Lorsqu'il est invoqué à des fins plus sombres, Papa Legba peut être utilisé pour entraver, confondre et affaiblir les ennemis, en bloquant leur succès, en les isolant ou en provoquant des troubles dans leur vie. Il peut être appelé à manipuler l'énergie autour des personnes, des lieux et des situations, en dirigeant les événements d'une manière qui s'aligne sur l'intention du pratiquant. Cependant, ce pouvoir n'est pas sans prix. Papa Legba exige la sincérité, le respect et une compréhension claire des conséquences de l'invocation de son énergie à des fins malveillantes.

À la croisée des chemins où la lumière rencontre l'obscurité, Papa Legba offre à la fois protection et destruction, selon les envies du pratiquant. Son pouvoir de magie noire n'est pas une force à prendre à la légère. Ceux qui recherchent son aide doivent être prêts à faire face aux répercussions de l'exercice d'une telle influence, car les énergies qu'ils invoquent leur reviendront inévitablement sous une forme ou une autre.

En fin de compte, Papa Legba rappelle que la magie, en particulier la magie noire, est une force d'équilibre et de dualité. C'est par le respect, la sagesse et la responsabilité que l'on peut naviguer à la croisée des chemins qu'il garde, car que vous marchiez sur le chemin de la lumière ou des ténèbres, le pouvoir de Papa Legba guidera vos pas et façonnera votre destin.